U0015547

人生最有價值的事是發現自己在重複

章成 著

目錄

ch.2 轉個彎，看看自己 87

ch.3

轉個彎，看看生活 141

自序

二〇一二年三月的某一天，我接到了一通來自北京的電話，邀請我在一本大陸的時尚雜誌上開闢專欄。當時打電話給我的是雜誌社的編輯總監陳賀美小姐，說實話我很驚訝，不知道她怎麼會找上我？雖然出了不少書，但自己寫的都是不怎麼大眾化的靈修類作品，我很難想像在彩妝專題和時裝企劃的繽紛頁面之間，有一個像我這麼奇特的作者加入。

接下了專欄之後，每個月開始收到非常厚重的國際快捷包裹，光是從大樓管理室捧回公寓住處，我手就痠了，那便是雜誌社寄來的當月雜誌《悅己 SELF》。他們常常一個月要做出厚厚的兩大本，甚至是四大本刊物，有時還附加了特別包裝的試用包和贈品袋，有些時候全部重量堪比我的電腦主機！與我接洽的編輯說：沒辦法，中國競爭太激烈，必須搶下市占率。直到有一次我到大陸去找朋友，才發現，真的！不管什麼書店、餐館、髮廊、咖啡館，只要有雜誌架的，通通都有《悅己 SELF》。

原來它是美商康泰納仕（Condé Nast Interculture Group）在中國新創辦的時尚雜誌，在找我寫專欄之前，才短短的兩年，賀美小姐已經讓《悅己 SELF》躍升中國銷售量最大的時尚雜誌。更讓我驚訝的是，無論當月做了幾大本，他們全部都是採用內部企劃的專題，外稿僅有包括我在內的三個專欄。雖然對於對岸同胞的拼勁早有耳聞，但實際與他們的工作有所交集以後，還是覺得頗受震撼。

我問賀美小姐，在這麼拚命、這麼競爭的世界，有關心靈的領域，到底要寫些什麼給這些讀者們看呢？她非常認真地告訴我，讀者求知若渴、非常願意上進，她們絕不要看「猜得到你要講什麼」的老生常談，她們要獨特角度的想法，會讓她們思考、眼界可以提升的東西。

或許這也是賀美小姐的奇招？找一個完全未生活在大陸當地的心靈工作者來寫專欄，注入一種天生的不一樣？就這樣，左邊是王偉忠先生、右邊是陳文茜小姐，我的「真話・醍醐味」專欄，就夾在他們兩位的專欄中間，從二〇一二年五月開始，連續刊載了三年半，直到二〇一五年底結束。

期間還有一件讓我非常印象深刻的事。因為我畢竟與雜誌的讀者生活在不同的社會，在撰寫了幾期之後，有一天擔心地問了一句：「不知道讀者們喜歡嗎？」雜誌社的編輯群，居然在忙得不可開交之餘，把讀者在各種管道給我的留言和回饋，彙整起來寄給我看，然後對我說：「別擔心，老師的專欄很受歡迎！」還說，以後只要有回應就會整理整理寄給我看。我連忙不好意思地說不用了，不能再增加你們的工作量！可是對於他們這樣在乎我的感覺，真的覺得很感動，也看到他們的敬業精神。

現在這些專欄的內容，終於集結成書，在台灣出版了。其實，書裡面的每個故事、每種人物，本來就是來自於我生活與工作的這塊土地——也就是台灣，所以相信裡面所談的種種主題與情境，生活在台灣的大家一定會覺得更親切、更共鳴，這點我就非常有自信的了。

這本書雖然談論的範圍很廣，從金錢、工作、生涯發展到兩性關係與愛，但其實有一個共同的核心目的，就是：想要打破讀者因為各種生活中的重複，所堆疊出的沉重感。三十二篇文章裡，提供三十二個看事情的特別觀點，透過這些你可能從來沒想到的角度，我想幫助你在生活各種瓶頸中，重新找到那種迎刃而解的輕鬆感，我相信如果在對岸「水深火熱」的競爭環境中，這些角度能夠如此引發迴響和共鳴，也會值得在台灣的讀者們參考看看的。

最後，請容我說一些感謝的話。感謝陳賀美小姐的邀請，開啟了我與對岸讀者心靈交流，這份美好又獨特的經驗；感謝商周出版社的徐藍萍總編輯，一直接納我無論任何題材的寫作，六年來持續出版我的作品；當然，要感謝的人還有很多很多，包括一直在我身邊全力支持我的另一半、長年follow我的學生、讀者朋友，以及生命中來啟發我的所有人事物。在過去每一本書的自序中，我都是乖乖地針對該書的主旨寫出切題的序言，唯有這本書，最後寫了這些像是得獎感言之類的東西。但是請原諒這一次的例外，因為在這本書出版的今年（二〇一六），有一個對我而言頗為特殊的意義，那就是：承蒙大家的照顧，我……我不是還年輕嗎？居然剛好五十歲了。

★本書之人物背景、故事細節，為保護當事人，均已做了大幅度之改寫與重置，僅忠於原故事之啟發性，裨益智慧之傳遞。如有雷同，純屬巧合。

ch.1

轉個彎，看看別人

01 太過專業，毀了事業？

書本常鼓勵你要去做自己喜歡的事，
可是……這也可能讓你的人生愈來愈糟。

我有個女性朋友，老公是醫生，前年從大醫院辭了職，自己出來開業，光是添購機器設備，幾年積蓄就這麼投入了，診所的生意卻不如人意；夫妻倆本來想，也許口碑的累積需要時間，誰知道半年多前馬路對面又開了一家同性質的新診所，醫生資歷明明沒有老公好，病人卻絡繹不絕。這可讓我這位友人著急了，她說老公一向自詡醫術精良，怎麼會這樣呢？

後來她實在忍不住了，瞞著老公拜託了自己的閨蜜，扮演了「間諜」去對方那兒掛了號。閨蜜給對方醫生看了從小都看不好的鼻子過敏以後，真相才大白了。

「我這是痼疾了，其實他開的藥、處理的模式跟妳老公都差不多，可是我發現有一件事真的很不一樣，我說出來，妳可別跟妳老公說是我說的呦！

「以前你老公還在大醫院，我第一次去給妳老公看診時，我都還沒講完他就開好處方了，臉上也沒有什麼表情。我那時心裡還擔心了一下，到底他有沒有真的瞭解我的狀況啊？坐下來不到五分鐘就被叫起來換下一位了。可是我這次去給對面那位醫生看診，經驗卻很不一樣，或許就是因為資歷淺，他對病人很親切，會耐心聽人把話講完，眼睛也會瞧著你，還會告訴你平常該怎麼保養。他看一個病人，你老公搞不好能看三個。」

我這位朋友聽了，頓時像被雷打到，暈了也醒了，她說：「你知道嗎？我老公就是說過：『別的醫生看一個病人的時間，他可以看三個！』可他是很自豪的說的，我老公常說，自己的強項就是用聽診器聽診的能力，所以很少需要詢問病人！」

這就讓我想起最近看到的一篇文章〈別太專業，做個有觀點的通才吧！〉，這篇文章報導了康泰納仕集團的藝術總監、同時也是在美國版《Vogue》雜誌做了將近三十年的總編輯安娜．溫圖（Anna Wintour），二〇一五年三月在牛津大學的演講內容。也許你對這位時尚女王並不挺熟，不過講一件事或許你就會對她「肅然起敬」了。梅莉史翠普主演的電影《穿著PRADA的惡魔》，正是以她為原型而拍攝的，這部電影大賣以後，讓一向行事作風低調的她，一夕間成為全球名人。

溫圖在演講中給年輕人的建議，一開始就說：「請大家不要變得過度專業。」「我知道你們各有專攻，法律、藝術、歷史或哲學等，準備成為這些領域的翹楚。有這種企圖心當然很好，但是，不要因此封閉心扉，不再聆聽其他的召喚。」她說：「我是媒體人，非常明白在職場上不要太過專業的重要……那些只有狹隘專業能力的人，真的很讓人沮喪。」

溫圖呼籲這些牛津的大學生「不要過度專業」的理由是：現在的時代變動性非常高，跨領域的合作也非常密切，如果只瞭解自己專業上的事物，而沒有較為寬闊的視野，很可能成為團隊合作中的絆腳石而不自知；並且，日後如果真的想要自己出來創業，因為只懂得自己擅長的部分，缺乏各種角度的歷練，也會缺乏獨當一面的能力。

她的看法於我心有戚戚焉。在我的「人生會談」工作中，很多人談的都是工作上的問題，但他們的問題常常出在人際關係而不是專業，其中有一些人就是一直在做他們「擅長」

的事，結果愈做愈糟。

我一個個案在採購部門負責跑大型合約的流程，老闆對她咆哮的理由不是因為她不專業，而是因為她「太專業」，除了工作上的接觸，從來不跟橫向部門的同事打交道。結果有一天，她聽不出來人家「話中有話」，被擺了一道，影響到合約中應收帳款的入帳日，造成後續一連串的麻煩。她告訴老闆，自己也是受害者，已經做好了分內之事，為什麼老闆還要怪她等等，可是老闆對她說：「做好妳的工作，就是給我該有的工作結果，我不管妳的過程是什麼！」

真的，如果有一天你獨當一面，自己開一家店，或是成立一個工作室，結果月底發現虧錢，你是無法對自己說，「我已經做好了我的工作，虧錢是另一回事」這種話的。

後來我聽說，我那位老公是醫生的女性朋友，還是鼓起勇氣跟她老公吐實了，說了閨蜜去明察暗訪之後的心得（閨蜜們！既然要當閨蜜，就要準備隨時犧牲自己）。或許是男人的自尊心的關係，她老公全不作聲，只說了句「我的工作我自己知道」就沒下文了。不過，後來她說，感覺老公看診的方式悄悄改變了。

到底什麼是「專業」？或許不是愈來愈厲害之後，其他的都愈來愈看不到了；也許真正的專業，應該是件「愈做，會讓你的視野、心胸都愈寬廣」的工作生涯才對。

02 要當女王，先當女僕

勇於表現，很好！但要怎樣避免出糗？

我家附近開了一家新的服飾店，裝潢得很精緻，感覺裡面會有好東西。有一天剛好有朋友找我吃下午茶，吃完了沒事做，我就找她一塊兒走進去了。店主人是一個中年女士，穿著很有氣質，可能是剛開幕吧，想拉客人，她就很熱絡地來跟我們聊天，問了我的工作以後，她笑顏逐開地告訴我，她剛好非常喜歡看心靈成長類的書籍，甚至很相信萬物都有靈性。

「我每天都會跟我種的花說話，我發現它們真的會回報我！我讚美過的花，都開得特別美麗。」我笑著點頭，她說請我等一下，要把她的「小孩」拿來給我看，她說的「小孩」就是她自己種的花。於是她就上了樓去拿一株盛開中的小型玫瑰花下來給我看，確實很美，我一邊欣賞一邊稱讚著。

「開這家店，真是我作夢也想不到的福氣！」她說：「我一直很喜歡服飾，喜歡幫人家穿搭，看到人家因為我的穿搭而變得漂亮，我會好開心；後來遇到一個老闆，他真的願意出資讓我來做，於是我就在這裡了。以前我在書上就讀過，你要相信自己的夢想、要正面的去思考，要相信自己是值得的，這樣生命的豐盛就會自動向你靠近。我現在真的可以作見證！老師，你在上課的時候，是不是也是這樣教大家的呢？」

看見她充滿光彩的眼神，我微笑著點頭說：「這確實是一個部分……」

「其實我也曾經去上過這樣的課程喔！我覺得做心靈的工作，可以分享愛，幫助有需要的人成長，真的是很棒的事情。其實在跟大家分享服飾搭配的過程中，有時客人也會跟我講到工作的困擾、甚至是家庭裡的事，聊著聊著，很多客人都跟我說，他們因此而想通了一些事。我看到他們終於帶著笑容回去，心裡頭也很滿足喔！所以我覺得老師你的工作很棒，你一定常常能夠感覺到那種心靈交流的美好的，是嗎？」

「恩！是啊，看到枯萎的心又能復甦，我會很感動的。」

「老師，那你覺得我將來適不適合從事心靈工作啊？」她開懷笑著，攤開雙手轉了一個圈。

「只要真心喜歡，就適合啊！只是有很多東西要學就是了。」我微笑著。

走出這家店以後，我的朋友對我擠擠眼說：「這個女人得罪你了沒有呀？」我笑說：「我知道你在說什麼，不過我沒有不高興。」

「但她可得罪我了，因為她的話題全在你身上繞。」朋友促狹地說：「大小眼也太明顯了，早知道我今天穿體面一點出門！唉！現在好多開店的女生，都太自我感覺良好了。」我這位朋友是一家擁有千名員工公司的副總，她雙肩一聳，無奈的笑了笑。

為什麼我的朋友會問，我有沒有不開心呢？其實我有點猶豫要不要跟你分享這個經歷，因為我不確定答案講出來以後，你會不會誤會我的意思。然而就像我的這位朋友說的，好多女生都會在人際關係或職場上，出現這種其實是扣分的應對和表現，所以就請容我說出心裡的話吧！

能自己創業的女生，其實都蠻有能力，通常也很有自己的品味，尤其是選擇休閒或時尚產業，無論服飾店、珠寶設計公司、咖啡店、園藝公司……這一路走來，她們或許學到要勇於表現自己、要強調自己的風格，但是她們有時候不能拿捏應該如何把「自己」像氣球一樣的縮放自如。在人際對應上，她們習慣於用自己的魅力與自信去吸引目光、搞定客戶。她們假設，如果隨時呈現最棒的自己，人們就會因為肯定她，而同時相信她的能力或產品；簡單說，她們傾向於採用「明星促銷法」，而那個明星是自己。

可是「明星」應該是在你自己的專業領域裡面去證明，而不是跑到顧客的話題裡面去證明的。例如當這位開服飾店的女士問了我的工作以後，她的一連串發言表面上似乎是在討好我、認同我，但潛台詞卻是說：「你看我也很懂你的工作吧，而且我也很有天分吧，我是這麼棒，你有看到嗎？」可是說實在，就我這一路走來對這份工作的真實體驗，她其實真的不懂，只是在膚淺的想像而已，可是我感受到我被期待著說出的話是：「你好棒喔！連我的領域你都這麼懂、這麼有天分，你真讓人眼睛一亮。」雖然事實不是這樣的，可是出於禮貌，我也只能微笑點頭了。

我的朋友是個很資深的經理人，她明白，每個專業若要做出一片天，都相當不簡單。例如在米其林等級的法國餐廳，你會跟侍酒師證明你很懂得酒嗎？（很多人還真的把侍酒師當作普通的服務人員！）隨意地在專業人士面前要肯定，等同於認為別人的工作沒什麼，她認為這真是太粗率了。我雖然沒有因為這樣而不開心，可是確實，我會覺得，用自己擅長的專業去提供別人最好的服務，那才是你的個人魅力應該展現的舞台。

也許你真的很想當一嘗當女王的滋味，不過真正能當上女王的人，在為客戶設想的時候，都是完美的女僕喔！

03
命運不會捉弄人，只是讓你與真實的自己相逢

當你不知道該如何選擇的時候，
一定要聽出自己對自己說的謊言。

Grace 曾是一家跨國大企業的主管，長年往來於全球各地，亞洲的同事在白天收到她 Email 交辦事務，驚訝地說：歐洲那邊的妳，應該是在凌晨三點吧！妳不睡覺嗎？Grace 總是苦笑說：是呀！但亞洲事務也是她的權責範圍，能因為出差到歐洲就不管嗎？

Grace 對我說，雖然薪資令人稱羨，然而生命裡面卻窮得只剩下錢。當年有多累呢？她說：章成你知道嗎？我的公寓離公司，走路只要八分鐘，但是深夜我下了班，卻要坐計程車回家，因為我已經累得連八分鐘的路都不想走了。

我與 Grace 十幾年沒見了，沒想到這次是在我的「人生會談」裡面再度重逢。在我印象中，她是個知性、智慧，毫無鋒芒地散發著令人信任、舒服的氣質的女人。而這次的會面，她卻下巴消瘦，眉頭深鎖，整個人只一個苦字可形容，因為更糟的際遇，還是從那家公司退休之後才開始呢！

終於在那家大公司咬牙熬到退休了，Grace 領了一大筆退休金，剛開始真的鬆了一口氣，想說從此要好好過過自己想過的日子。但打算了一下，還是把一大筆錢拿去做各種投資，甚至在形勢看好時，還借錢加碼；結果後面幾年，全球金融一個震盪，她居然賠光了退休金，還小有負債，數十年辛苦工作儲蓄的存款就這樣一夕泡湯！

在家人幫助下，她撐了過來，現在在一個小小的身心靈成長中心上班，老闆對她很好，經營也不功利，完全不給她壓力，而且在這個工作環境中，她也感受到幫助別人的感動與價值。只是思及未來，總會有一陣不安，總覺得，這份工作畢竟不是長久之計吧？然而如果要重新再去找一份高薪職業，又很不希望重蹈過去那種毫無品質的日子。Grace說，好想知道自己該怎麼辦？

我突然想到，最近網路上，有一個女孩拋出了一個自己困擾的問題想請教大家，結果竟被網友慘批，還登上電視新聞的事情。那女孩問的問題大致是這樣的：「我跟男朋友交往很多年了，他體貼、善良，且一直對我很好，每次出門都堅持他要付錢。可問題是，他的工作收入一直很低，我也曾經鼓勵他說，慢慢來，繼續努力就好。可是這三年他的工作一直沒有起色，月薪還是不到我的三分之一，人也變得愈來愈沒自信。我考慮到婚姻的現實面，心裡不禁愈來愈有一個聲音在說：我還要和他走下去嗎？」

狠批她的幾乎清一色都是男網友，有的說：「妳其實就是不爽他比妳自己（一個女人）還不會賺錢嘛？為什麼不大方承認。」有的說：「讓他沒自信的，相信就是妳吧！」但除了情緒性的發言之外，還是有人說到令很多網友鼓掌的觀點：「每個人擅長的領域不一樣，伴侶在一起，不就是要互相扶持的嗎？難得遇到一個自己喜歡、也對妳好的男人，粗茶淡飯也會有幸福的。」

我對Grace說：「妳覺得現在自己這個工作雖然有意義、能讓自己感動，老闆人也好，但因為薪資少，不是長久之計，就想著是不是應該離開。其實，真相恐怕不是這樣的。」

Grace 感到有點意外，她確實以為，自己是因為這個工作的薪資太少而想離開的。

「當年在那個跨國大公司，妳早就身心俱疲，當時妳早已儲蓄很多，為什麼不立刻就走，要熬到退休才走呢？」我問。

「因為有一大筆退休金啊！」她說。

「是啊，所以即便妳忙得只剩下錢，還是覺得這些錢也不是『長久之計』，要更多錢才覺得可以去過妳想過的生活，所以妳忍到了退休。可是，等退休領了一大筆錢之後，妳卻還是覺得，這樣還是不足以讓妳過自己想要的生活，所以妳又去做各種投資；一般人會只拿自己存款的一小部分，不至於拿自己全部的錢去做投資，甚至還借錢去投資。當然我相信妳也是一步一步地被誘惑而投入的，但那時妳給自己的理由又是什麼呢？」

Grace 沉默不語。

「會不會是：現在既然賺錢時機這麼好，我怎麼能不賺？自己曾說退休後想做的事、想享受的生活，就等遲一些再開始也沒關係吧！所以就進入了金錢遊戲當中？

「妳曾經很有錢，但是那時候也覺得不是長久之計，所以，希望妳看清楚妳的小我，它永遠都覺得，現在所擁有的，是不夠讓它有安全感的。

「現在妳碰到了一個好老闆、一個本著良心在做的事業，一份讓妳的心覺得有意義、會有感動的工作，這是很不容易的，我覺得妳很有福氣。我認為上天是要妳去想：妳要到什麼時候才願意去選擇真正符合自己內心本質的生活呢？阻礙妳的，真的是錢的問題嗎？錢多的時候不能做，錢少的時候也不能做，那麼要到什麼時候，妳才能回歸妳的心，過一種有愛的、踏實的生活？」

Grace 含著眼淚看著我，她說，忽然想起來一件自己幾乎遺忘的事了。就在剛進入那家跨國企業的第二年，她曾經有一次鼓起勇氣去找主管說：「我想要調進教育訓練的部門，因為教育工作是可以幫助人，與人心靈交流的，我很喜歡，也有熱情去做這件事！」可是最後自己並沒有堅持，也沒有真的去做。

「那妳現在已經在這樣的工作裡了，上天給妳這樣的機會，卻再次讓妳的金錢歸零，我相信祂是希望妳好好的去思考這個生命價值的選擇題。」

Grace 的故事讓我再一次看到，人生中，我們面對的所謂配偶的選擇、工作的選擇……各式各樣的選擇，其實它們的本質都是「生命價值」的選擇。什麼是你的第一優先？牽涉到你如何體會人生走這一遭的價值何在。我不準備提供答案，可是你會發現，很奇妙的，上天會藉由每一個人的人生，讓每一個人充分地在流淚與歡笑、得意與失意中，找到你最終的答案。

04 誰能既成功又快樂？

「外表」與「內心」之間的差距愈來愈大，才是成功者隕落真正的原因。

大學時代我唸的是電機工程學系，有一回學校的中文系舉辦國樂發表會，因為我是國樂社的一分子，所以也前往參加彩排。本來以為到了現場會有一個流程，讓我知道自己輪到的順序，也打算彩排完自己的部分就可以離開，沒想到來到現場，才知道連節目流程都還沒決定好，主辦者的工作分配也模糊不清，現場可謂一片混亂。不過在這一片混亂中，氣氛可好得很，那些我一個也不認識的中文系同學，一邊打打鬧鬧、天馬行空地聊著天，一邊零零碎碎地處理著彩排的事宜，如此一派輕鬆的模樣，彷彿已經做了一整天都要泡在這裡的打算。我不禁火大起來，心中暗罵：中文系的人真沒效率！

離開校園進入社會以後，老實說，我真的再也沒有在我參與過的工作上碰過類似的景象。職場上無論什麼科系畢業，大家為了效率，為了成本考慮，為了上頭要求，都得盡可能做好自己分內之事，為了呈現最好的結果而努力。

是啊！校園活動怎能跟社會上的生存奮鬥比呢？職場中階層愈高，開會時間還會愈短，大家盡可能用最短時間取得共識之後，自己就要拿出本事去達成任務；當然，那些無法繳出漂亮成績單的，就會被淘汰了。

這樣一個從所謂「玩票」到「專業」，甚至「高度專業」的個人成長歷程——在工作生涯發展上，如果要成功，幾乎是不可避免的必經之路。嚮往著自己能夠成為深受器重、倍受信賴、不可取代的優秀工作者的人，應該很多吧？然而實際上，在我的會談經驗裡，我卻觀察到，許多人來到這個位置，經過一段時日之後，儘管就別人看到的地位正如日中天，但其實在心境上，他反而比你想得，更接近自己創造力和生命活力的冬天。

「枯竭感」，這是最貼切的形容。並非他們不再能做出漂亮的成果，而是他們可以感覺到，那些漂亮的成果是他們燃燒自己而來的，但是自己情緒上的低潮，卻在每燃燒完一次，就更嚴重一些，於是「外表」與「內心」之間的差距愈來愈大。

許多來到這階段的人，通常一開始並不清楚自己發生了什麼事，也沒有人可以訴說。由於長年地投入於工作，他們身邊的人際關係要不是老闆就是下屬，缺乏沒有利害關係、足以信任、又具備同樣等級的生命歷練的知己。

所以，「成功」也有困境，而那個困境比還沒有成功的時候更可怕。因為，如果你還沒有成功，你可以繼續相信，等到你成功就能夠感到快樂；或可以繼續想像，某些問題等到你成功以後就能夠解決。然而當你已經成功了，已經實現了所有你年輕時的願望，甚至還要更多，而你卻不快樂，那怎麼辦？這是更絕望的。

這就是很多令人羨慕的高成就者，卻得到憂鬱症的原因。也許你正在羨慕著他們所擁有的一切，也正期許著自己，透過拚命努力，有朝一日能達到相同的成就。如果是這樣，我希望使你避免同樣的發展方式，衷心地希望有一天你既成功又快樂。

其實，我也碰過一些既成功又真的快樂的人，有的人已經是那個行業裡的 super star，可是依然保有年輕時的平凡感——他們很有能力，也熟諳世故，但心態卻很平凡、自然、愉快。關鍵是什麼？我發現一個共同點：在他們的生活中，永遠保有一塊「完全沒有效率」的部分。

譬如他們之中，有的人會有事業圈以外的「方外之交」，而且遇到這些職場外的契合者，他們會視為很重要的心靈友伴，年復一年與對方維持著互動和交流，再忙都會提醒自己要放下俗務，踏進對方的世界。

有的人會從事不為人知的善行，不是捐錢了事，而是親自去做。也許是長年固定去探望某一位獨居長者，為他打掃環境，陪對方聊聊天；或是默默做著登山步道上的清道夫，或海灘邊的淨灘者。也有的人一有空就跑到摩托車修理店去搜集廢棄的金屬零件，從事焊接創作，把廢鐵變成造型奇妙的玩具；還有人加入了某種嗜好的俱樂部，經常在裡面玩得很瘋。

他們在很早的時候，就有一種「金錢地位不是一切」的想法，所以會在生活中維持著一扇永遠打開的門，而從那裡走出去的時候，他就讓自己享受那種功利之外的世界。知心的好友，不是一邊看手錶一邊聊天可以交到的；內心的平靜，也不是一邊捐錢一邊想著怎樣用來提升公司形象可以獲得的。他們瞭解這個道理，所以生活中永遠堅持保留著一塊「不計算效率、回報、得失」的部分。很有意思的是，這個部分，卻會一直回饋給他們自己，一份來自生命本然、天真的喜悅。

經過了這麼多年，現在回想自己大學時的那次國樂表演的彩排經歷，我卻有了不一樣的感受。也許當時的彩排過程太沒有效率，但在青春歲月中，最令人緬懷的，究竟是一場高水準的音樂會呢？還是跟同學無憂無慮地打打鬧鬧，以及相伴校園一角，天馬行空地大談夢想的回憶？多少人擁有了比學生時代更多的財富和地位，為什麼一聽到學生時代的歌曲，內心卻有一番莫名悸動，總感歎：青春真好！也許我們失落的是那顆允許自己天馬行空的心，也許我們失落的是那一群跟我們一起天馬行空的友伴吧！

也許，因為我們對我們的一切都——太有效率了吧？

05 你的存在對我很重要

你付出，為了想被愛；
可是，他愛上的是你的付出，不是你這個人，
怎麼辦？

你做過最可怕的惡夢是什麼呢？Angela 對我說，她做過最可怕的惡夢，是夢見自己回到了家鄉老家，在兒時熟悉的客廳裡正被母親叨念著不喜歡聽的話，在夢裡為了不想再聽下去，她假借說要上廁所，然後起身離開客廳走到廁所去。沒想到進了廁所之後，忽然感覺到自己消失了，徹底從人間蒸發了！一瞬間，她知道母親和世界上的人再也找不著她，一股極大的絕望與恐懼感襲上心頭，她才猛然從這個夢中驚醒。

當我引導她去解析這個夢，她才發現，其實這個夢反應了自己在職場中累積了很久的壓力。雖然就別人看來，她的工作表現一直不錯，上頭也很器重她，可是她的內心卻也反向地累積了不少疲累，潛意識地想要變回一個孩子，把一切成人的身分拋卻；然而心中知道「不可能如此」的那個部分就化成了母親，在夢中對著她叨念。夢裡的自己心生厭煩想要逃避，然而一逃進了廁所，非但沒有覺得好過，心裡最害怕的事情反而就發生了：她失去了自己的所有存在感！

雖然這個夢的確是從職場壓力而來的，但在職場壓力的背後，其實還有更深的東西：我們內在一直有一個矛盾懸而未決，那就是我們需要別人的愛，可是卻只能用「證明自己的價值」去努力爭取，那麼別人當然是愛上我的價值，而不是我。這怎麼辦呢？老闆愛那個能為他想出好點子的我，可是那個江郎才盡時的我，誰來愛呢？男朋友愛那個溫柔懂事的我，可是那個混亂低潮時的我，誰來愛呢？父母愛那個能夠出人頭地的我，可是那個不能滿足他們期待時的我，誰來愛呢？

是啊！Angela 深有同感，她說：最近從澳洲回來的姊姊，帶著在國外領著高薪的丈夫以及兩個可愛的孩子返家省親，父母抱著孫子，整天笑得合不攏嘴，姊姊也興高采烈地拿出手機大秀在澳洲的生活點滴。幾天來全家所有話題都圍繞著姊姊一家，她雖然替姊姊高興，卻也覺得有些落寞。因為真正每天陪在父母身旁的是自己，而爸媽卻拿她的存在像是理所當然，反而當著姊姊的面對她說：「妳還不早點嫁了，給我們抱孫子呀！」

人努力了半天，不管在職場上、愛情裡，甚至親情中，所有貢獻出來的「價值」到後來都變成理所當然似的，只能往上加，不能往下減，這種被「加法」要求的生活還真累呀！可是不做的話，第一個害怕的卻是自己。

「老師，你說這事情有解嗎？」Angela 說。

「有解，不過不是一朝一夕可以解，」我半開玩笑說：「因為要積陰德積得夠多才有解。」

「陰德？這跟前世今生有關？」

「我說的陰德跟妳想的可能不同。我是說，得要默默地、實際地去改變自己的心態，去做一些事，這個叫做積陰德。這樣確實可以解決那個問題。」

「怎麼做呢？」

「有個方法，請你去做三個月之後，我們再談談……」

三個月後，Angela 果真依約回來找我。一見面，她給了我一個大大的擁抱，第一句話就說：「謝謝你！我明白了。」

三個月前，在那次談話的最後，我對她是這麼說的：「這是一個『人是為了事情而存在』的顛倒世界。譬如金錢本來是為了人而服務的，現在卻變成了金錢愈來愈大，人卻愈來愈渺小。當你敏感到生活所有的層面其實都變成了這樣，再有成就的人，內在都會深藏著恐懼，因為只有那個有能力的自己是被理會的，而那個脆弱孤單的自己，其實已經愈來愈像空氣一樣無法被看見了。」

我給 Angela 的建議是：在三個月內，只要到任何地方外食，無論小麵攤或大餐館，吃完以後，一定要特意找到廚師，對他們說一句話：「師傅，謝謝你，你的存在對我很重要。」

Angela 對我說：「三個月內，我算過，不只是廚師，我大約鼓起勇氣對各行各業的人說了五十次這句話。我發現這句話對我很震撼，每一次說完，我的眼淚都在眼眶裡打轉，這句話給我帶來太多感觸了。我看到我的生活有多匆忙，我已經習慣只讓腦子裡的事情存在，卻沒有讓當下就在我面前的人存在。他們煮麵給我，我就付錢，他們來擦桌子，我就把手拿開，就這樣子。不只是在餐館，在公司、在家裡我也是這樣。」

「妳不是說你有在陪伴父母親的嗎？」

「是啊，我是在『陪』他們，所以他們腰疼，我就去買貼布，但我沒有讓他們真的覺得，他們的存在對我很重要。我在公司開會的時候，同事有問題，我就幫忙解決，可是，是事情重要，不是他們重要。」

「那麼這段時間妳給出了這句話，回收的是什麼呢？」

「是很奇妙的結果。我做的事情還是一樣的，可是當我在心裡頭讓別人存在的時候，我也覺得我真正的存在了。是『我』存在喔！不是『我的身分地位』存在。」

「說得太好了！」親愛的 Angela ！妳變成一個用妳的靈魂去存在的人了。當你成為有靈魂的人時，你就會真正的感到踏實，你的情緒就不會慌忙，因為靈魂一直活在「當下」的國度裡——它就是愛。

06 知足就不會進步了嗎？

知足，就會沒有進步的動力？

錯！原因讓你嚇一跳！

在我的會談裡，常常有人流著眼淚對我說：他們所有的努力，只是想得到一點兒愛、肯定和讚美，為什麼這麼難呢？

你不要以為說這些話的人都是工作不力、才能不好、沒人看重的。不，很多人可都是別人眼中羨慕的對象。年輕、貌美、學歷高、職銜響亮的一大堆，如果是你在旁邊偷聽到，可能會氣到想過來翻桌。

然而我真的瞭解，她們的難過不是假的。她們很多人從學生時代就一直被逼著要奮發向上、出類拔萃，許多父母花了多少心血、資源在栽培她們。「比上不足，比下有餘」這種成語，在她們的世界裡根本是種罪惡，她們從小就被要求只能跟「上」比，不能跟「下」比。這些孩子付出比別人更多的努力，卻永遠得告訴自己不能鬆懈，外表的一切真的都贏了，心裡卻是輸的。

有一回，又是這麼樣一位優秀的女子 Mei，在我的會談室裡擦著眼淚。她問了我一個很重要、我覺得很有價值的問題：「老師，我也知道人要知足才會快樂。可是，如果真的知足了，不就沒有了想進步的動力了？這對我而言很矛盾的！」

我對她說：「請你留意一下，我們現在正使用的這個茶壺好嗎？」當時，我正使用來沖泡著普洱茶的，是一隻普通的磁茶壺，不過它的提把是由一節細竹子彎成的。

我說：「妳要不要提提看這個壺把，看看順不順手？」

她一提壺把，感覺了一下：「很順手啊！」

「嗯，我也覺得。」我說：「但是因為很順手，我們就會忽略過去。所以其實，能讓我們忽略過去的茶壺提把，是非常優秀的。妳仔細想想，當初設計這個茶壺提把的人，他一定考慮過要選擇多粗的竹子來做提把，如果太細了不好使力，太粗了也會很醜。還有，要怎麼處理竹節和表面的粗糙度，讓我們拿起來有摩擦力、不會滑手，可是又要兼具美感呢？這些都是設想過的，因為沒有竹枝本來是現在這個樣子的。」

Mei 聽了對我點頭：「對啊！我沒有想過這個……」

「所以這個設計的人，確實曾經用心去為多數人的手設想過，他一定也曾經把竹子燒成一個彎度以後，自己拿在手裡感覺過。也許你認為那是他的工作，甚至那是為了賺錢，可是不管怎樣，一定有一刻，他必須放下雜念，才能專注地去為別人的手感設計。現在，我要邀請妳去想像、去感覺那位設計師曾經這麼做的那一刻好嗎？」

Mei 點點頭，閉上了眼去握著那只茶壺提把。

一會兒，她睜開眼睛跟我說：「我覺得好感動啊！我好像跨越了時空，能夠感覺到當初那個設計的人，那一刻的用心呢！」

「這個感動，應該是一種感謝的感覺吧！」我說。

「是啊！很感謝這個設計茶壺的人的用心。」

「那麼，這不就是設計者跨越時空送來給我們的一份愛嗎？因為我們現在就是茶壺的使用者，就是他當初所設想要照顧的那隻手。妳之前說，得到愛和肯定為什麼那麼難？但每次我使用到好東西的時候，我就知道我被愛到了、被重視到了呀！所以我覺得我有好多好多愛啊！而且沒有時空的阻隔呢！也許是一首古典鋼琴曲，也許是馬路上平坦的人行道，也許是公園的一排香花植物，這些都是為了我們設想而做的，這不就是愛和重視、肯定了嗎？」

最後我說：「現在我想請問妳，如果妳也能夠感受到這些，會有什麼感覺？」

「老師，我覺得很感謝！」

「那麼，妳也願意在妳的工作上，好好的提供出好的服務，加入這樣的行列嗎？」

「當然好啊！我希望這世界上有更多真正好的東西。」Mei 回答的時候，她的眼睛重新出現了光彩。

「這就是了，」我說：「這就是為什麼我們能知足，可是又有著進步的動力。」

07 完美情人，跟你想得不一樣

凡事挑剔、眼高於頂，
其實是有一顆玻璃心，不想讓你看見。

Kavin 來找我會談，他的問題是：如果頭髮剪不好看，他就會覺得很憂鬱，有的時候憂鬱的程度，甚至不亞於失戀。你或許會吃驚，就這麼點事？但他說，因為要找到用心的設計師很難，好不容易碰上可以剪出他想要的髮型的設計師，他就會非常珍惜，也會替忙碌的設計師著想，所以會先把自己對頭髮想怎樣剪的需求，列一個表存在手機裡，每次都會拿給設計師看。可是設計師不知為什麼，一開始做得到，慢慢地就開始怠忽了，經常回到家一照鏡子仔細看，不是這裡沒剪好，就是那裡沒按照需求做，讓他覺得很鬱悶。自問：還要不要給這位設計師剪呢？又要開始找設計師了嗎？也許是想到，自己的人生很多事情，好像也是這樣一直在重複著，所以心情出乎意料地低落。

Kavin 說他還單身，也極度渴望一份愛情，但過去的感情經歷，都是剛有一個開始，沒多久，他就萬般挑剔對方，終於導致分手。他說，他也覺得是自己不對，可是每次情緒來的時候，整個人就會陷在那個情緒裡面，實在沒辦法產生積極正向的想法。例如在對方身上看到不滿意的部分，就會想到，若要跟這個人過一輩子，是無論如何無法忍受的；這樣一想，心情就更難受，也就突然對對方什麼感覺也沒有了。

他說他也知道，一直想要支使別人來配合自己，是不對的，可是他就是沒有辦法不在乎那些瑕疵。有時候真的想試著放下自己的標準，去接納當下的發生，可是真實的情緒就是很不好的，所以很難在那個時候給對方好臉色看，雙方關係就開始變糟了。最慘的是，等到離開自己的女孩又交了別的男友，還過得很好、很甜蜜時，他又特別感受到強烈的失落感與悔恨。

聽到這裡，你該不會說：「活該！他以為他是誰呀？這種人自作自受。」但我們從事心靈工作的老師是不能這樣想的，只要訴說著煩惱的人真的願意改變，我們的職責就是與他一起找出一條路來。不過，剛剛你有句話倒是說對了：「他以為他是誰呀？」這真的值得探討。

Kavin 非常重視自己的外表，不但定時上健身房，注重髮型、穿著，把自己打造成型男，還開著時尚的跑車，若是你在街上看到他，肯定會多看一眼的。但一個讓人羨慕的男人，你卻不知道在他的內心深處，是怎樣看待自己，除非他願意跟你透露他藏在背後不讓人知道的祕密。

「我的父母從來不用正面的話來表達關心或讚美，從小到大無論說什麼都是用責怪的語調，讓我覺得我永遠不能讓他們滿意。比較大了以後我就開始回嘴，因為我認為，他們又有多好？憑什麼資格總是數落我？所以我們常常吵架。然而，我現在這份高收入又輕鬆的工作，確實也是因為父親是公司老闆的關係，現在所擁有的經濟能力確實是靠他才有的。想到這點，我心情就更糟了；有時就會故意把我老爸的錢，拿去揮霍、出亂子，然後又被父親斥責，說我為什麼不像誰誰誰那麼年輕有為。」他終於說出了一切，說完把臉埋在雙手裡。

我深有所感地點點頭，接著問他：「那麼說出了這些心聲以後，請用心去感覺看看……所以，自己為什麼會那麼在乎自己的外表呢？」

「沒自信，我其實是個很沒自信的人。」他說。

「那為什麼一旦交往的對象有不讓你滿意的表現時，立刻會覺得難以忍受呢？」

「因為如果要跟她在一起一輩子，那我會覺得……好像……我的一生就真的都失敗了，這種感覺好可怕。」

「所以你聽聽看，是不是像這樣的：我的父母對我的評價很差，我對這個評價很生氣，可是心裡有一個部分，其實又很害怕這是真的，於是我就大聲說：『我要證明給你們看，你們錯了！』但是我並沒有克服自己的弱點，真的用自己的實力去證明，轉而以對外在人事物的完美要求，來證明我不是平庸之輩，所以如果看到自己的世界有瑕疵品，我就會很焦慮。」

Kavin 沉默不語，但表情就像在懺悔似地。

這次的會談結束之後，我便沒有了 Kavin 的消息。兩年以後，有一天突然收到他的來信，對我陳述了後續的狀況。他說，那一次的會談其實像一個真相的炸彈，粉碎了他的面具。他後來便決定離開父親的企業，並把最愛的那輛跑車賣掉，從頭開始創業。經過了許多不順利，果然發現一切都非常困難，也才意識到：想要有一番成就，自己能力其實真的還差得太遠。目前的收入不僅只夠養活自己，連以後能不能繼續撐下去，都還是未知數，當然那些過去用來打點自己的行頭，更是早已脫離自己的消費能力之外，不能再碰了。

聽起來好像很糟，是嗎？可是信中的最後一段卻是這麼寫的：

「因為有了真正去白手起家的歷程，現在我懂得了：生活中，如果有人在我疲憊的時候，給我泡杯熱茶，給我捏捏脖子，就是多麼值得珍惜的事。我也知道在大熱天，從外頭下班回來的她花掉的妝容，是多麼值得我疼惜。

「是的，老師，你猜對了，我有了一位女朋友，我們的感情很穩定，她一邊打工，一邊也在準備國家考試，她很努力生活著，也總是給我鼓勵和打氣。也許走在路上，別人會覺得她是個很平凡的女孩，但在我心裡，她是最美的。」

這真是最幸福、最完美的愛情告白了，可不是嗎？把我的眼睛都弄得有點澀澀的了。

08 結婚，可不是搞裝置藝術

因為「我想定下來」而去跟你結婚的人，
是劈腿的高危險群。

你喜歡「裝置藝術」嗎？所謂的「裝置藝術」，就是利用現成的物品或環境，組合成創作作品，表達概念。例如：把一棵樹放進大鳥籠裡、用廢棄物組合成美麗的鯨魚、用冰雕的小人置放在室外的階梯上任其融化，或是用電視機堆成一個超大的眼睛……

這次與我會談的也是位男子，見到面時，我有點驚訝，因為好巧，前不久才在雜誌上看到他的專訪，以及他作品的照片。他是個裝置藝術家，下巴留著小鬍子，穿著跟專訪時一樣的V領黑色T恤（同樣的T恤，我猜他家裡大概有一打吧），令我突然有種「他是直接從雜誌上走下來找我」的錯覺。

「跟女朋友交往十幾年了……自己最近終於下定決心要跟她結婚。這樣，做父母的應該開心了吧？剛好相反，我媽卻強烈的表示反對，原來她一直覺得對方不是一個好女孩，才會對結婚這麼漫不經心。可是其實我媽根本不瞭解，會拖這麼多年，都是她在等我的。我的女友跟我不同，她很腳踏實地，惟獨對我的這段感情就是放不下，是我自己害怕我基因裡的野性——我其實一直害怕失去自由，所以一直不想去思考婚姻；但另一個我也覺得這樣不行，應該學習定下來才是，所以我做了結婚的決定。我本來認為我做這個決定，是不再逃避自己的功課，是正確的，但是母親的反對又勾起了自己內心的矛盾和混亂。老師，您怎麼看？」

「結婚或不結婚，都可以是正確的決定，只要那個人自己能夠幸福，不是嗎？」我說。

「當然，我也知道這個道理，可是，放在我自己身上呢？我適合去結婚嗎？」

「你嗎？你不適合。」我說。

他沒料到我會這麼單刀直入的下斷語，一時當機。我沒說話，就繼續讓場面空白下去，直到他深吸一口氣，開口問我：「老師為什麼這麼覺得？」

「因為你是個裝置藝術家啊！」我說。

討論問題，男生和女生的節奏常常是不同的。對男生，你要有點像武俠片、像俠客過招，不必說太多，但招式要淩厲，切重要點，他們適合這樣，雖然一刀見血，但他們也會很快正視盲點。「你說說看，裝置藝術和雕刻有什麼不同？」我問。

「雕刻是從無到有，把作品創作出來；裝置藝術是把現成的素材，做創新的組合，這些現成的素材本身的文化符碼，組合起來以後會產生新的效果。」

「對，所以如果用寫詩來形容，雕刻就像寫一首全新的詩句；而裝置藝術就像把好幾個詩人的詩句一句句擷取之後，結構成一篇新的文字，是不是可以這麼比喻？」我說。

「可以，是這樣沒錯。」

「你在思考婚姻這件事情，其實類似於做裝置藝術的概念。你說：『我有野性，愛好自由，但我覺得我該定下來；現在，有一個女生，她很腳踏實地，所以我覺得，透過跟她結婚，把我跟她組合在一起，就可以讓我自己學習安定下來。』這個邏輯是不是這樣呢？

這樣是不是類似於一個裝置藝術的做法呢？」

「咦？好有趣，然後呢？」

「可是，當你們組合起來以後，你的安定，不是因為你的本質發生了改變，是因為她把你拉住了，所以這樣的拉住，你們兩人都會在裡面受傷。」

「我不同意，老師，互補的組合，常常走到最後都可以互相融合，改變自己的本質，這不也是婚姻讓人成長的地方嗎？」

「但是這個過程是要經歷痛苦的。像你這樣有野性的人，如果碰到什麼考驗，你自以為是起來，忘了初衷，想拆夥就拆夥了，不是嗎？為什麼現在離婚率這麼高，不是沒有原因的。現在大家經濟都獨立，沒有誰非得靠誰活下去，你說的『走到最後』，有那麼簡單嗎？」

「老師您的確說到了問題點。但就這樣算了，不是太消極了？那誰合適進入婚姻呢？」

「你若決定要結婚，誰也攔不住呀！可是結婚如果是為了學習安定下來，是不是有點不負責任？如果有人說：你真心要安定下來的話，為什麼不在結婚之前，看看你哪邊定不下來的，現在就學習把它定下來呢？你覺得有沒有道理？私心想著，我把自己跟另一個人綁在一起，讓我學習安定，這不是在折磨另一個人嗎？」我把底牌給掀出來了，這就是他真正應該去思考的事情：反省自己結婚的動機。這個動機其實還是沒有脫離自我中心的，這樣的婚姻在日後，幸福機率是很低的。

「自我的改變，要用雕刻的概念，不能用裝置藝術的概念，你要一筆一刀的去重塑自己，為自己完全負責，而不能取巧地認為，把哆啦A夢放在身邊，大雄就會變厲害了。（事實上有嗎？）如果一個人真的想定下來，沒結婚也應該可以讓自己過著安定的生活。要我是個女人，我寧可找一個已經懂得定下來的人在一起，也不會找個還要我把他定下來的人結婚吧？」

如果不能自己督促自己改變，你把鐵塊泡在水裡，經過一千年，水還是水，鐵塊還是鐵塊啦！

09 溫柔的三隻箭

要學會分辨，跟你訴苦的人有兩種：

一種只是在抱怨，一種是真的想改變。

Amy 跟我訴說她的困擾：「我的丈夫總在行房的第二天早上給我錢，雖然他總是用很平淡的語氣說是給家用，但我心裡其實不太舒服。剛開始我以為也許是我多想了，但是後來我發現這並不是巧合，確實是屢試不爽。我不知道該怎麼說……我們的夫妻關係這幾年變得很淡，簡直就像室友一樣，我有時也會懷疑他是不是有出軌？總之，我的心裡對這些事總是覺得敏感。」

每個人來找我會談，當然都是帶著他們的憂愁和困擾。但是經驗告訴我，人們不一定準備好要去解決他們的問題，有時候他們是在自己心情最不好的時候就衝動地來了，但是他們到底想怎麼樣呢？

譬如現在在我面前的 Amy，她所有的表達都偏向於描述她的困擾，而缺少有關於她意願是什麼的描述。這時候，讓這點浮現出來是會有幫助的。我用了一個技巧，或許你也可以偷偷學起來。

「妳覺得，自己還願意想像，丈夫深愛著妳的那份感覺嗎？」我問。

如果 Amy 眼眶開始發熱，甚至開始激動落淚，好像你碰到了她心裡很痛的傷口，那麼你就知道，她心裡頭的期待，是想重建這段關係的。

如果她面色凝重，只是嘆口氣告訴你，說她自己幾乎不敢這樣想像，說丈夫幾乎不可能深愛自己。那麼你可就要有所警覺了，別忙著為她「撮合」夫妻感情，其實，這樣的反應有可能是在告訴你：「其實，是我想離開這個人。」

「我覺得我很難去想像他深愛著我。」Amy 果然這麼說，她的表情雖然黯淡，但語調卻是偏向理性的。

「我感覺到，妳的心裡，是比較偏向於想放棄這段關係的。是嗎？」我故意向 Amy 射出第一隻「一語道破」的箭，並全神貫注地等待她下一刻的反應，雖然我已經有百分之八十的把握，但透過這句話，還可以做最後那百分之二十的核對。

「我不知道，我很混亂。」Amy 激動起來。

人碰到內心壓抑的真相或渴望，被別人提到或掀開時，通常第一時間都會出現內心衝突的反應，就算是能夠力持鎮定的人，血壓也會升高，心跳也會加速，這就是測謊機的簡單原理。當然，眼前坐著的是我要幫助的人，不是犯人，可是如果他們不能誠實地面對自己當下的狀態，我就很難協助他們向著健康的方向，去突破自己人生的困境；而所謂「健康的方向」，從第一步到最後一步，永遠是「自我覺察」與「自我負責」。

「我希望妳能夠知道，對我而言，這些沒有對錯，但如果妳的心裡其實已經不想去向對方靠近，甚至偏向於放棄這段關係，那麼這些相處上的狀況，大致上是會持續下去的，我覺得很難期待它會突然改變。妳覺得呢？」

「老師，我自己也很矛盾，兩個人已經成了家，有了小孩，不能任性了，可是想到長遠的將來，兩個人還要這樣淡如水的過日子，我真的會怕。我不知該如何是好？所以才想要來找你的。」

「這樣吧！妳告訴自己，我繼續維持住婚姻，但有機會遇到好男人，我允許自己外遇，這樣會不會覺得平衡一些了？」這又是我故意射出的第二隻箭。

「我不要啦！」

「那怎麼辦？妳又不要離婚，又不要外遇，又沒動力向丈夫靠近，那妳的問題，我認為神仙也解決不了。」

「老師，我孩子還小，離婚絕不是選項，外遇更不用說了，我怎麼能做這種事？難道說，你不能幫我產生能夠讓我願意向我先生靠近的動力嗎？」女人急了，她向我丟出了明確的任務。

雖然說這樣的要求有點令人莞爾，但卻是會談有所進展的指標，因為當求助者主動做出要求的時候，他們同時也就開始願意負責了。

「妳的意思是說，妳其實不想向妳的先生靠近，其實妳沒有太多意願去改善你們的關係，但是因為迫於形勢，妳希望我能點燃你內心的意願，是嗎？」

「嗯……是吧！」

「但這違背我的原則。我能幫助人們，讓他想做的事做得更好，可是我不應該勉強或引導別人做他其實不想去做的事，不是嗎？」這又是我故意射出的第三隻箭。

「不不老師，這也是我的意願，並不是說讓你勉強我的。」

「那麼，妳是說，妳自己也想試試看，能不能讓妳和丈夫的關係變得更親近，是嗎？」

「是的。」

「如果這是出於妳自己的意願的話，我才可以從旁協助的。好，那麼我們就開始吧！」

很多人知道我的工作之後，總是會跟我提到「他們想幫助別人，卻覺得很難」的經驗。幫助別人確實是門無止境的學問，但是有時你不應該急著想幫忙，而是射他幾箭，讓他清楚一下自己究竟只是「不想要他不想要的」，還是真的想解決問題？

這兩者可是有著很大的差別呢！

10 別用你的強項，去平衡你的弱點

事件是時間可以沖淡的，習慣卻剛好相反。
所以一個人的命運，決定於後者，不是前者。

漫畫《哆啦A夢》中有一回，由於大雄貪玩，到開學前一天才發現一大堆作業沒寫，眼看是怎麼樣拚命也趕不完了。大雄居然想出了鬼點子，乘坐抽屜裡的時光機，跑去找兩小時後的自己，硬把兩小時後的自己帶回到現在，叫他幫忙一起寫功課。接著，又乘坐時光機分別再把三小時後的自己、四小時後的自己……總共抓了四、五個未來的自己，一同到房間幫他趕功課。這麼多的大雄一起寫，果然，才一個小時就通通完成了。

寫完功課的大雄把其他大雄送走，拍拍手，沾沾自喜地在書房躺下開始吃點心；但一小時以後，災難開始了，書桌抽屜突然打開，跳出了一個十萬火急的大雄，要叫他回去寫功課。當然了，不去行嗎？這可是當初自己出的主意，若不去，功課就寫不完了。

終於過了一個小時，努力寫完功課的大雄好不容易被釋放回來，才剛要躺下喘口氣，抽屜裡又跳出那個十萬火急的大雄，急急忙忙地要再把自己拉進時光機裡。原來，做完功課回來以後，自己相對於最初的時間，已經是那個三小時後的大雄了！不用說，我想後面的發展你已經明白，大雄整個晚上就是不斷地再被抓回到最初去寫功課，搞了半天，其實從頭到尾，功課根本還是要自己一個人完成的！

哈哈！野比大雄總是自作聰明地做出笨拙的事。但大笑之餘，我們自己真的不會做出同樣的事情嗎？

在我的「人生會談」預約中，有次來了一位非常能幹、學識出眾的專業人士Eason，

Eason 跟我談的主題是自己超過二十年的婚姻，由於最近一段沒有結果的精神外遇剛剛落幕，讓他在痛苦中更加感覺到，自己與妻子的關係有多麼地缺乏愛與交流，甚至連友善都算不上了。以往寄情於工作的他，能不回家就不回家，然而現在失戀了，連流連在外頭也覺得痛苦，又想到工作生涯終有退休之期，曲終人散之後，若沒有一份愛相守，人生努力大半輩子得到的名或利，都顯得毫無意義。

這番陳述的確令人為之同悲。詢問起 Eason 的婚姻歷程，卻發現，年輕時的他對工作極為熱情，人際關係的經營卻相對淡漠，才高氣盛的他，當時也覺得沒有什麼不好，認為反正工作成就令眾人刮目相看就行了。

就這樣慢慢地過了適婚年齡，父母親族的關切逐年加溫，最後就在雙親的半推半就之下，與一位才相親、僅僅見過一次面的女孩，就說定了婚事。年輕的 Eason 當時其實也曾經想過，所謂婚姻大事，這樣會不會太草率？然而一想到要交女朋友這種事，腦子就是一片空白，而對於眼下的工作目標，倒是充滿待辦事項、分秒必爭。自己就想，反正也不討厭這個女孩，且老一輩的人也說，媒妁之言也沒什麼不好，感情日後還可慢慢培養，便拿這句話來掃除心中遲疑，就這麼把婚給結了。

誰知道女孩娶過來以後，才發現也不是什麼溫婉容易溝通之輩，同樣在工作的妻子，對一切家用花費，都要一人出一半，分得清清楚楚。現在孩子長大了，妻子早已習慣享受一個人的生活，對自己則不聞不問。Eason 說，當然不能全怪對方，因為自己有錯在先，結婚一開始，自己就不愛對方。

其實我覺得，問題的關鍵並不在此。過去媒妁之言的時代，夫妻感情逐日彌堅的也很多，所以問題應該是，當時的那一念：「反正感情以後還可以慢慢培養。」究竟是真的會去培養，還是用來便宜行事的藉口而已？

人們遇到自己現在無心面對、或無法面對的事，總是丟給時間去處理，好像現在面對不來的事情，時間一拉長就能像變魔術般，變成不需解決似的。其實很多不正確、不健康的結構隨著時間增生以後，未來的自己要來解決的話，籌碼其實是更少，困難度其實是更高的。

譬如一向不善於人際關係的 Eason，年輕時常用「合則來，不合則去」的態度處理人際關係，還自詡為是「君子之交淡如水」。其實這只是掩蓋了自己恃才傲物、難以與他人相處的缺點，個性中便缺少了一些對他人的慈悲與接納，而顯得較批判性強、愛惡分明。這樣的個性當然是不容易營造一份良好的親密關係。

Eason 潛意識裡，其實知道自己有人際關係上的問題，但由於工作表現強，到處受到重用，便以為可以就此忽略不計；然而遲遲未婚總還是漏了餡，那既然有人送上門，就向大家交代了事吧！甚至當時自己還會打如意算盤想：以後生活多一個人照顧也不錯。

結果，等到自己孩子也大了，事業也到頂了，漸漸感到寂寞的時候，才發現那顆深藏於內心，渴望著被愛的心，其實乾渴依然，甚至更加熾烈。到這個時候要再去尋覓另一份情感嗎？自己都覺得種種條件不如當年了。更何況，要怎麼去經營一份親密關係呢？這門學分到現在還是沒修呢！

像不像野比大雄，把一大堆作業留給未來的自己去做呢？但是到了那個未來，接收功課的是誰呢？還是自己。所以可別笑大雄，他只不過是我們的樣本而已啊！

如果你現在已經察覺到自己個性中有些什麼樣的問題，或是察覺到自己正陷在一個不健康的生活迴圈裡面重複，請不要只是用你的強項去平衡你的弱點。人的弱點可以透過釐清與學習去改變，而且愈早改變愈容易，這就是所謂的「心靈成長」的意思。如果你把「心靈成長」當做是虛無飄渺的東西……好吧，總有一天，你會發現，你今天的選擇就會為難那個未來的自己。

11 每個男人的內心，都住著一個成吉思汗

不認輸的方式，就是保持憤怒；
認輸的方式，就是相信命運。
但唯有回到愛，才會超越這兩者。

男女兩人一起找我開誠佈公討論他們之間的問題，這種狀況愈來愈多了。這是好現象，代表男人也在進步。不過會有這種情形，有時候也是因為男人自知理虧，要是再拒絕女方提出的「找老師談談」的要求，恐怕關係真的玩完了。

坐在我眼前的這個男人，垂頭喪氣，承認自己前兩天抽了廚房裡的刀子失控地揮舞，但他說自己絕對沒有想要傷害女友的念頭，只是當時就是克制不住一股像是火山爆發般的怒氣，其實如果女友不去跟自己搶刀，也不會發生把女友推倒在地的情形，他真的沒有想要傷害女友。

我笑著安慰他說，這裡不是法庭，是幫助他解決問題的地方，不要認為我會評價他；只是聽女人說，這已經不是第一次了，大概一年裡面會有兩、三次，男人會突然為了一點點小事抓狂，上一次還是在公共場合，因為一個公車上座位的問題向別人揮了拳，連警察都驚動了。

男人說，自己每次情緒爆發的前幾天，其實會察覺到，內在有一股岩漿似的怒氣在醞釀，也會提醒自己要留意，可是終究會因為一個突發事件，在難以防範的狀況下就突然爆發了；他說，這股情緒就好像一個盜匪，想要用最直接的辦法去處理事情，而這個最直接的辦法就是暴力。

女人在一旁聽了猛搖頭。我問怎麼了？女人說，男人一爆發時，就像完全變了人似的，可是那個感覺不像盜匪，像魔鬼。我說妳一定嚇到了吧？覺得很恐怖對嗎？女人邊點頭，眼眶跟著就紅了。

其實，男人的形容是比較接近真實的，那股能量的確比較像是一名強盜，而不是魔鬼，只是對女人而言，那份暴戾之氣太過恐怖，才會如此形容。然而，千萬年來，男人都有一個想要攻城掠地的部分，其實是男人基因裡潛藏的特質——想想從小到大吧！在通俗到不行的連續劇裡頭，我們不是一直很熟悉這種場景嗎？在某個場合，男人一言不合就大打出手，然後女人總是在旁邊叫著：有話不能好好說嗎？

女人覺得用說的就可以，但男人不知為什麼，只能用做的（或是用「揍」的）？因為基因裡這個攻城掠地的部分，使得男人之間有一種心電感應式的共識：輸的要聽贏的。所以打上一架就是溝通，誰贏了，就服從誰。因此我們也都聽過，美國大西部那種「很爺們」的故事總是這樣的：兩個男人同時喜歡上一個姑娘，那怎辦？就是來個街頭拔槍決鬥，勝者抱得美人歸，沒有誰（包括警長）會覺得不妥。你絕對不會看到劇情是：兩個男人於是相約在酒吧裡坐下來懇談，好好聊聊誰比較能帶給這個女人幸福，然後一方含淚退出，並給予悲壯的祝福之類的劇情。如果有這種劇情，那就變成了目前的偶像劇，所以很多人都說這些偶像劇裡的男人很娘。

女人不太能瞭解男人用比肌肉的方式來「溝通」，認為這不是「溝通」的定義；可是睜開眼睛來看看目前仍多數由男人統治的這個世界，你就知道了，各國之間的「和平」與「溝通」，真正是建立在「軍事、經濟力量」的較量還是「人類高尚的愛」呢？

扯遠了，再拉回到會談中這個頹喪的男人來。他說自己也很不想要這樣，基於愛女友與愛自己，他想要改變。於是我們一起回顧了男人過去的一些生命歷程，結果發現了一個重要線索：男人有像這樣每年兩、三次情緒失控的狀況，是從十年前一次生意大失敗之後，在那之前是沒有的。表面上，男人調適的很好，讓周圍關心他的人都不需為他擔心；但是從那次血本無歸的公司倒閉以後，男人事實上元氣大傷，戶頭裡沒有資本東山再起了，於是就做著一份顧問的工作，過著平凡的生活。

在這段歷程中，他一直告訴自己，這樣的生活已經很幸福，應該要知足了；也開始相信世上真的有命運，是超越人為努力的，自己應該要學會順應命運去生活。

可是男人內在那個攻城掠地的成吉思汗，卻感覺到自己被強迫裹成木乃伊，厚葬於金字塔墓穴中了！木乃伊貌似安詳，但那是戴上了面具，被強迫包紮了手腳的，其實他非常非常的不甘心，也非常非常的憤怒；他要的不是安安靜靜地躺在石棺裡，他要的是舞台、掌聲、崇拜……他不要厚葬，他要活！他要的是成為勝者，讓所有人看到自己的存在！

平常男人可以壓抑住內在的這個部分，甚至將之遺忘，可是如果遇到因為各種原因，情緒比較煩躁，有時甚至只是在季節交替、身體壓力比較大時，就有可能透過一件小事，而讓這個憤怒的情緒整個破口而出。

男人聽了我的敘述，震撼萬分。他說自己就像站在結冰的湖面上受苦著，而我卻朝冰上呵了一口氣，讓冰底下的一切清清楚楚、絲絲入扣地顯現出來。

「那麼，這該怎麼辦呢？」女人心疼地握住了男人沙發上的手，看著我。

我說：「除非是自己想要解決，否則是沒有辦法的。」我移動目光詢問著男人。

男人對我誠懇地說：「我想要改變。」

方法是有的，需要先治標再治本，讓我們來解答吧！

男人在遭遇挫折的時候，為何通常都是累積出憤怒？其實這是因為，他們不允許自己悲傷，因為悲傷是弱者的表現；如果悲傷，那就是承認輸了，不認輸的方式，就是保持憤怒。所以男人會在遭遇挫敗的第一剎那，反射性地把悲傷的能量轉移成憤怒，有多大的悲傷，就會變成多大的憤怒。

因此治標之道就像大禹治水一樣，如果想要疏導爆衝的能量，很簡單，請開始允許自己悲傷、允許自己在挫折時流淚、哭泣，允許自己好好地為過去的挫敗痛哭一場。能夠這樣，憤怒的能量就能還原成它本是的悲傷，被安全地宣洩出來了。

至於治本啊～「呵呵，那我們就先不談了，」我說。因為同樣是「展現力量」，這是需要「成吉思汗」那個部分，有一天長大成為「修女德雷莎」才行的。

12 你沒說的，讓我用心去聽

人與人相處，從來就沒有「就事論事」，
瞭解桌面下碰你的腿，
才能把桌面上的事真的處理好。

Linda的上司有一天發飆了，拿著手機對著她按下錄影鍵，憤怒地說：「妳再對我扳著這副臉孔看看，我要拍下妳的臭臉，讓妳知道妳這張臉有多臭，妳現在就給我笑，馬上！如果不笑，我就立刻開除妳！」Linda被嚇壞了，她壓抑著自己，在鏡頭前笑了一下，卻哭著跑出辦公室。然後，她覺得自己的憂鬱症又發作了，晚上她就到了我這兒來會談。

幾年前我就見過Linda了，我們在一個演講會上認識。那時候的她，在人群中談笑風生，相當地活躍，跟眼前這個哭腫眼眶的樣子真是天差地別。然而我明白，在工作上很傑出的女性，很多就是因為生活失衡了，被憂鬱症找上門。不過Linda說出來的事情，我還是頭一遭聽到：一個上司氣得拿出手機要拍下秘書的臭臉，逼著她立刻露出笑容。這種劇碼，怎麼感覺很奇怪？

「我是被他從別的部門挖過來的，因為他是個不善交際的人，所以看上了我，希望我去幫他作好對外的公關。我可是為他盡心盡力，連他上頭的大老闆對他的好印象，也是靠我去經營的呢！但是去年來了一個男的業務經理，很會在上司面前當好人，出去也常常幫我上司拉關係回來，他們就愈走愈近了。但是這個男生做的事經常踩了我的線，我跟上司反應，他總是護著他，所以我心裡就開始累積不滿了。我幫他做了那麼多，一個新人才來了多久，他就忘恩負義了嗎？也太現實了吧！我承認那個男生能力也很強，不過他在外頭做的事，很多都是藉公司的名義在建立自己的人脈，根本是在利用公司，可是上司現在很信任他，我也沒辦法。每天看到小人得勢，讓小人一直間接地欺負我，我能開心嗎？」

「那麼妳現在想怎麼辦？」我問。

「就是不知道怎麼辦才來找老師的呀！今天我上司拿著鏡頭逼我笑，這實在太讓我屈辱了。我本來也想立刻辭職，可要是這樣，那個業務經理就贏了，我一想到那個經理噁心的臉，就想打他一巴掌！」

「你上司今天氣得硬要拿手機拍妳的事情，雖然讓你覺得很屈辱，不過如果先把這個部分放在一邊的話，妳不覺得他的發飆方式很奇特嗎？好像是在說，我忍妳很久了，妳知不知道啊？妳最近一直給我臉色瞧，我受不了了。」

Linda 有點尷尬說：「最近我真的不開心嘛！可是不開心的源頭是誰造成的呢？我很委屈的呀！」

「妳覺得最屈辱的那個點，剛好是我覺得最值得玩味的地方：他拿著鏡頭命令妳立刻笑，他為什麼需要這個？他的目的是什麼？」

Linda 搖搖頭：「就是在對我發飆嘛！我沒想過，我只是覺得很過分而已。」

「Linda，請妳仔細回想，平常不是對外的時候，私底下妳們是怎麼相處的？就像一般老闆跟秘書嗎？他講什麼妳都畢恭畢敬地公事公辦，還是別的狀況？例如你們私底下會談心嗎？還是會一起去做什麼事？」

「我們除了一起出去工作，私下並沒有一起去做過什麼事。談心？算不上吧，可是我跟他還蠻能聊的……」Linda 開始尋思起來：「想起來，我常常不自覺地，對很多事都會講出我的想法，他大部分也都是聽我講比較多，所以，以往我確實是覺得，他會看重我說的話的。」在這個回想裡，Linda 的情緒開始緩和了下來。

「這麼說，你們之前的關係其實不錯，他也不是那種怪獸老闆；那麼，你不覺得他跟你發飆的方式有那麼一點奇怪嗎？一般的老闆，對下屬的不良態度是不需要忍耐那麼久才爆發的，直接對你糾正，或直接開除不就好了。拿著鏡頭逼妳擠出笑容？現在馬上，不然開除？感覺反而好像是他受傷了，在對妳爆怒，該不會他皮夾裡暗藏一張妳的相片，上面有妳甜美的笑容？」

「什麼？」Linda 瞪大眼睛：「老師，你真的這麼覺得？」

「可能性之一吧。」我答，有意思的是，當 Linda 聽到我這麼說時，她難過的情緒完全不見了。

「我看妳一聽我這麼說，立馬不難過了，妳又是怎麼回事呢？」我問。

「我……我覺得……」Linda 支支吾吾地，答不上來。

你猜，這到底是個什麼戲碼呢？會編劇的人大概可以編出N種版本來吧。

我並沒有真的認定他們彼此之間藏有特別的情愫，但故意這麼提出疑問，會讓 Linda 從事情的表面進入人性更深的層面去思考和觀察，事情說不定才會顯露出真相來。

在我的觀察中，職場上雖然大家都是在扮演著工作所賦予的角色，但人與人相處，無論表面上的階級高低，情感卻不受到這個階級的制約的。例如你以為老闆就是一個高高在上的人，但他也許其實很依賴你；反過來，你也許認為你的下屬應該只是把你當做就事論事的老闆，但有人卻會在不知不覺中把你當父親、母親看待；有些男人一進入公司，不自覺地就想尋找同事作他的死黨兄弟；有些女人一參加團體，就想要當好女孩受到大家疼愛。這些角色中的角色、身分下的身分，都不是檯面上的「就事論事」可以解決的，但是如果你能去瞭解，有的時候，意外地，你可以用你的瞭解去把檯面上的關係處理的更好。

記得當我故意說，那位上司的皮夾可能藏著 Linda 照片這種事情的時候，她第一時間的反應嗎？

「什麼？老師，你真的這麼覺得？」Linda 是這麼說的。

語氣是驚訝的，卻沒有露出反感的意思。這又代表著什麼呢？於是我對 Linda 說：「妳的上司那麼生氣，我覺得他好像受傷了；然後前些日子，妳也覺得自己受傷了，所以你們兩人的關係，好像有某種牽絆存在呢！我希望妳能夠感受一下這個喔。或許感受了這個，你們關係中存在的微妙部分，妳會處理得更好的。」

我看到 Linda 的眼睛深邃了起來，然後慎重地對我點點頭。

當個「心靈偵探」，瞭解人與人之間隱藏的微妙真相，其實是非常有意思的。只要開始聆聽在人們身上顯露出的一切，而不只是他們口中說出的話語，你會發現，一切都變得更清楚了起來，更美好的結局也許就藏在這裡面了！別人沒說出來的，記得用心去聽喔！

ch.2

轉個彎，看看自己

13
人生最有價值的發現，是發現自己在重複！

要讓你人生的重複，變成一個螺旋梯，
帶著你步步高昇！

一位醫生發明了交換人腦的方法，而正好有兩個人都互相羨慕對方，一位是體弱多病卻多金的富翁，一位是身體強健卻清貧的窮漢，他們願意動手術交換彼此身分。於是這位醫生成功地為他們進行了人腦交換術，他們也滿心歡喜地開始過著另一個人的人生。

那位體弱多病的富翁成為身體健壯的窮漢，雖然窮，但憑著富翁這個生意頭腦，幾年之後，又累積起了財富來，不過也因為勞心勞力，身體健康日漸折損。而窮漢腦袋換到富翁的身體以後，龐大的財富讓窮漢覺得，再也不需要為衣食煩惱，還可以盡情享受人生；由於無憂無慮，原先體弱多病的富翁身體居然便漸漸健康起來了，但是由於不善於管理財富及生意，幾年之後，財富便日漸縮水了。

又過了十幾年後，住進了健壯窮漢身體的富翁，最後還是發展成體弱多病的富翁；而住進了富翁身體的窮漢，最後還是發展成了健壯的窮漢。兩人都回復到原先的境遇。

發現重複，是重大的發現

因為我們的腦袋沒換（或換得很慢），所以生活其實存在著換湯不換藥的重複性。如果對於目前發生的問題找不到癥結點，可以試著想想：過去有沒有類似的狀況發生？回顧一下自己的人生經歷，並自問：有沒有發生過類似的心情、類似的處境？這樣可能會有解。

Pink老大不小了，五年來卻換了十個工作，雖然每次離職的理由都不盡相同，但「工作不穩定」這個事實，讓她不得不在自己身上找找解答。她終於決心來找我談談，於是我請她仔細去回想一下：每次覺得想離職的時候，有沒有哪一種感覺，是幾乎每次都會出現的？

Pink認真地沉思了一會，說：好像有耶，每次工作到後來都會覺得委屈，也會生氣。

我幫助Pink去將這份感覺解碼，過一會兒，她終於解碼出來了，她的生氣是在說：「這社會好現實！」她發現每次離職的原因雖然不盡相同，但最終都會產生這樣的感想。

我們於是一起就「這社會好現實」的感覺再去深入，結果掏出了她內心更深處的感覺和信念，那就是：「我覺得對自己好沒有信心，我好希望被接納、被愛，為什麼這世界這麼冷酷無情？」

原來Pink把這份被呵護的渴望，無意識地在所有的人際關係中期待著，包括職場的人際關係，所以連一般人的公事公辦、老闆口氣稍微差一點，她的內心都會受傷。日積月累下來，工作意願變低、成效自然也不好，自我感覺又更糟，形成一個惡性循環，最後總會找個理由就辭職了。

突然明白了多年以來無法穩定工作的原因，Pink霎時放下了所有對過去好多人的不諒解。因為此刻再去回顧，就知道，其實那些老闆或主管真的沒有什麼特別不好，其他同事也受到一樣的對待，可是當時就是不願意去看這點，也好像看不清。

不自覺地在職場上尋求呵護，就像到街上隨便期待一個年長的女性或男性來給我們母愛或父愛一樣，當然會導致自己容易受傷和別人的無法理解。看到這點，她真覺得過去的自己好好笑，可是心裡同時也輕鬆了，終於找到出口了。

我們很可能在人生的歷程中，好幾十年都圍繞著同一個功課打轉，如果能夠發現重複性，便有機會找出癥結，打破這個重複。

如何發現重複性？

人生的重複性，有時真的不容易看得出來，因為許多事件表面上的成因和內容，看起來大不相同，但有一個可能的辦法：請試著用一句話來訴說自己這些年的際遇。

三年、五年……這麼長的一段時間裡，發生的事很多，要用一句話形容很難嗎？別擔心，不需要絞盡腦汁，只需要非常誠實的，願意傾聽發自內心的聲音，你就會聽到。例如，也許你會聽到這樣的聲音：「這些年我都在忙著討好別人」、「這些年我覺得世界對我很不公平」、「這些年我一直在面對生存問題」、「這些年我一直被背叛」……等等。

不要用腦袋去質疑你自己，譬如說：有嗎？只有上一段戀情我覺得被背叛，我怎麼能夠說這幾年都這樣呢？請相信未經思考，來自內心的真實感覺。

通常這來自內心的「終歸一句」，會點出我們重複出現最多的潛在心境，而這就是一個很好的線索。讓我們順著它去探尋出某種源頭，而這源頭很可能就跟此刻遇到的困境有關了。當然，如果你覺得自己還是當局者迷，找不到剪斷迴圈的關鍵，找優秀的心靈老師來協助你，也是個讓自己事半功倍的好方法。否則如果重複多了，僵化也會形成，年紀愈大只會愈無力改變，這樣一生就都要受困在同樣的苦海裡了。

然而，發現重複，就有機會一刀剪斷迴圈，讓人生開啟全新的風景。所以，當你發現自己的人生又在重複時，請不要氣餒，要用勇氣和智慧去面對，因為這個發現，其實可以蛻變成生命最有價值的禮物！

14 你想要的未來，與你正在走向的未來

人可以常常狠下心減肥，
但永遠比不上打造一個不變胖的身體。

我一個還單身的朋友，最近卯起來整理他的住處，他說他太喜歡堆東西了，導致地板愈來愈看不見；可最近偶然看到網路上一篇文章，說家裡可以看見的地板面積愈小，就會愈窮，雖然他告訴自己這完全沒有科學根據，過了幾天還是跳起來大掃除了。

他是個愛書人，這次狠下心，連書都篩選出三分之二，決定整批送走。就在幾乎把書櫃清空的時候，從某本書裡面掉出了一疊相片，拾起來一看，竟然是三年前的農曆春節前夕拍的。事件是剛做完大掃除，地點同樣在這個住處，畫面則是從臥室到小客廳，從書桌到廚房料理台，一片乾淨清爽！地板拖得光可鑑人，更沒有任何雜物堆放，窗台上還放置了充滿小清新品味的綠色植物，整個景象完全就是他目前正在努力的目標。

怎麼會有這種照片呢？還不就是那時候也是決定「改過自新」，趁著除夕前大掃除的習俗，卯起來便給自己的住處一番大清倉了，經過了一番努力，終於把房子回歸清新之後，一時得意，便將這番斐然成果用立可拍拍成了相片。

完全忘了曾經拍過這些照片的朋友說，什麼叫做「哭笑不得」，那個當下真是做了完美的詮釋。「天呀！我真的完全忘了拍過這些照片，完全忘了三年前也這樣大清倉過！」他驚呼的語氣就像發現了什麼劈腿照外流了似的。

雖然他說自己被自己打臉了，覺得這件事很有啟發性，但我心裡面對於他這個啟發性能持續多久，坦白說是心存懷疑呀。為什麼呢？因為他只是受不了活在狹小的空間，所以一傢伙扔掉了許多東西，但他清楚「平常要以什麼想法選擇東西進來」嗎？畢竟未來還是會繼續買東西回家的，那麼什麼東西才該買？什麼東西又該丟？該怎樣讓住宅同時維持著美麗與便利的平衡？這樣的智慧他已經清楚了嗎？如果沒有，幾乎可以斷定，一段時間以後，屋子的情況又會回到原點了。

本來朋友一鼓作氣給自己的房間大掃除，理應給他掌聲鼓勵才對的，但對人類行為做過不少研究以後，我卻悟出，這種「振作」常常只是那個重複迴圈的一部分。所謂物極必反，當房間真的太擠、太亂、太多不便時，人就會渴望重溫清爽的感覺，可是這並不代表他已經學習到怎樣在日復一日的實際生活裡去維持這個清爽。

例如我也看過，不少人在人生谷底的時候，會開始大量閱讀、猛上心靈課，甚至狠下心辭職、換工作、上進一陣子等等，可是等到風暴過了、生活又平順了，他就又開始東抓西抓，各種老毛病又犯了。其實那樣的振作，只是一個逆境中的反彈，卻仍不知如何在平時的順境中，一點一滴去修正自己；然而人若不知道如何在順境中修正自己，不知不覺就會愈走愈偏，最後又累積出相同的困局了。

又例如，多少年了，大家都把賺錢當作是最重要的事，但是大家拚命賺錢以後，所形成的社會、現在這樣的生活方式，結果是大家真心喜歡的嗎？有的人說，你沒過過苦日子吧？相較於過去貧窮的苦日子，現在這樣好多了。

嗯，是沒錯，沒有人能否認這點，可是說這話的人也必須承認，現在社會唯利是圖的風氣，也造成了很多從前沒有的弊病和痛苦，而這些弊病與痛苦有沒有正在變得更嚴重呢？繼續下去真的可以嗎？所以我反而要用同樣的邏輯回敬一句：或許你現在是既得利益者，才不願意去看？古時有智慧的人就說「過猶不及」，這樣發展下去，難道不會又跑到蹺蹺板的另一個極端去了？

雖然人怕了貧窮，就一直想富，可是「一直想富」的本身，不代表幸福。如果不先弄清楚，自己要的幸福究竟包含著哪些元素？在每天的生活裡，又該怎麼取捨、調整才能達成？不清楚這些，就一鼓作氣向前衝，到時候，自己有足夠的智慧，去處理和平衡這個因為向前衝所招攬上身的一切利害衝突嗎？

房子堆了太多東西，還可以心一橫，一天之內就能清掉大半；然而人生經過了大半輩子，架構出的一整個生態系，卻不是隨時想拋棄就能夠拋棄的了。常言道「人在江湖，身不由己」，不就是在告訴我們這個道理？

這幾年不知為何，我覺得時間過得特別快，看看一轉眼，落葉的季節又要到了。雖然秋日的景色很美，卻也讓人自省：「年復一年地過去，我想要的未來，與我正在走向的未來，中間有多少差距呢？」我彷彿聽到每一片盛極而衰的落葉，都以翻飛的舞姿，無聲地詢問著行色匆匆的我們：「嘿！親愛的，你知道，你正往哪裡去嗎？」

15 打破僵局，就是現在

憂鬱不是因為找不到人生的出口，
是因為習慣於原地踏步。

生活裡面有很多時候會呈現僵局：一種動彈不得的狀況。譬如心裡有夢想，卻又不敢放掉眼前的安穩；譬如跟另一半在某件重要事情上觀念南轅北轍，一直無法溝通；或是做了自己最擅長的事情，結果效益卻不如預期，陷入了瓶頸。有時候別人也許覺得，你不是過得很好嗎？但是你卻覺得自己內心一直在拉扯著：「我應該安於現狀嗎？還是應該更努力？」這些外顯或隱藏在內心的「懸而未決」，我都統稱為「僵局」。

僵局是讓人變得不快樂的來源。假如你不怎麼有錢，可是卻完全不想要變得更有錢，那你也不會不快樂，因為你的內在沒有跟自己產生衝突。所以一個人是否處於「僵局」，是不能用外表去斷定的，完全要看這個人心裡面是否處在矛盾狀態。而如果內在的衝突狀態一直沒得到解決，甚至因為時間而逐漸擴大，憂鬱症就離你不遠了。

假想我們能夠在一個人的行為與情緒上各裝置一個追蹤器，你會發現，「僵局」所呈現出來的圖形，在「行為曲線」上，會呈現出繞圈圈的圖形，就像一隻被困在屋子裡的蒼蠅，明明一直撞上玻璃，卻還是不斷重複相同的路徑。而情緒曲線呢？隨著圈圈重複的次數愈多，曲線就愈來愈下降了，這意味著挫敗感逐漸加深。

可是就實際的狀況來說，在窗戶的另一面存在的門，只是光線稍微暗一點兒，但始終是大開的，如果往那邊飛的話，根本沒有阻礙。所以說，抑鬱情緒是什麼原因造成的呢？是那扇窗玻璃嗎？不是，是那個繞圈圈的本身。

也就是說，是我們繞圈圈的行為本身造成了僵局，並不是真的有一個僵局。如果把這個思路放進生活裡，會帶給你更多的清晰，例如：

‧生病並不是身體出問題，而是你在對待身體的方式上，出了問題。

‧吵架並不是個性出問題，而是你在面對彼此不同個性的方式上，出了問題。

‧生涯瓶頸也不是外在環境的問題，而是你在面對外在環境的方式上，出了問題。

那麼，要找到問題點，改變自己的行為來打破僵局，很困難嗎？不，而且很有趣的是，當你找到答案時，你會發現，通常那個打破僵局的方法都很簡單。

村落裡有一回來了土匪，到處燒殺掠奪，見人就砍。有一個矮子也被三個土匪逼進角落，土匪正要舉起大斧頭砍殺矮子的時候，他大叫說：「饒命啊！大爺，不要砍我的頭啦，我已經夠矮了！」土匪們一聽哈哈大笑，頓時殺氣就沒有了，便放過了矮子一命。

土匪在前，矮子要怎麼做可以逃過一死？好像很不可能吧？可是答案竟是這麼簡單。僵局就像是魔術一樣，轉圈圈的時候覺得很困難、難如登天，但一旦告訴你破綻在哪兒，你會覺得，簡單到一點挑戰性也沒有了。

在我的工作裡面，看似最棘手的不是什麼個人工作、感情問題，而是家族問題。曾經有一個個案，有過這麼一段看似很難解的故事：

她家中有個酗酒的弟弟，不斷賭博、欠債，讓年紀一把的老父老母不斷替兒子收拾善後，於是家中債務永遠還不完。而作為家中長女的她，在大都市奮發努力，明明該享受正常女孩的人生，卻因為不忍心父母為債務操勞，不斷省吃儉用往家裡送錢，於是讓自己也過著向人借貸、錙銖必較的生活。

後來女孩被一位有婦之夫追求，理智上雖然覺得萬萬不可，但長期疲憊的身心，卻難以抗拒這份可以依靠的溫柔，就這麼分分合合難以自拔，最後懷上了對方的小孩後才東窗事發。後來，在男人妻子的家族盛怒威脅下，硬生生拿掉孩子，之後，便得了憂鬱症，經常無端哭泣，心痛如絞。

過了幾年，有一天，家鄉酗酒的弟弟的女兒來找她避難，才爆出小姪女從中學開始持續被父親性侵的祕密。一個十幾歲、應該正處於作夢年紀的女大學生，整個人眼睛裡充滿恐懼和無助，這才使得她徹底省悟了。

那她如何去處理這個現狀呢？她告訴父母親這個真相，讓他們去面對事實；然後，除了父母的基本生活費，不再寄更多錢回家。她在電話裡對父母親說：「我們這樣是錯的，不能再這樣下去，你們知道嗎？我四十歲了，我也要有自己的人生。」

從這天開始，她刻意減少回家的次數，然後她發現了兩件事：第一，自己竟然有了價值失落的感覺，原來因為爺爺和父母親從小重男輕女，她發現自己其實一直想在父母親的面前，證明身為女孩的自己也可以是一家的支柱，比弟弟強。第二：她發現當她開始不拿更多錢回家之後，父母親不但沒有怪她，在電話那頭竟然還不再像以前那樣，總是無止盡地跟她哀嘆訴苦，反而會問她過得好不好，給了她渴盼多年的關懷。第一次聽到這樣的問候時，她激動得流下淚來。

而那個酗酒又好賭的弟弟則隨後爆發肝病，只能有氣無力躺在家中，哪兒也去不了了。過了不久，即過世了。

於是所謂的家族悲劇性鎖鍊，就這樣斷開結束。然而，打破苦難僵局的辦法是什麼呢？不過就是那個終於 Say No 的決定：「我們這樣是錯的，不能再這樣下去，你們知道嗎？我四十歲了，我也要有自己的人生。」

難道不能早十年說嗎？一定要等到拿過小孩、得過憂鬱症、背了一堆債、又發現悲劇被延續到了下一代以後才行嗎？當然不是，其實那個答案一直在那裡，也許十年前自己早就這麼想過，甚至別人也這麼勸過了。

所以，親愛的你，想想看，如果要讓身體更健康，現在你的生活作息該做些什麼調整？想想看，如果要讓人生向前進，哪些事你應該立刻著手進行的？

再想想看，某一件讓你煩心的事，難道要一直拖著不去面對嗎？

這些其實你都有答案，不是嗎？那麼，打破僵局，就是現在。

16 燈關之後，尚有餘溫

「有速度，沒溫度」的生活，是癌細胞最大的溫床。

前陣子受父親之命，到一位長輩家去拿某些文件回來。長輩家住在大馬路邊，電話中告訴我，門前停車不易，他會先在一樓等待，若我一到，他就會立刻出來。

我一到他家門口，這位長輩果然立刻開門迎向我。取了文件，我向他道謝，說再見，然後轉身上車離去。車開了數十公尺以後，我才從後視鏡中留意到，他老人家仍然在門口佇立目送著。

突然間我意識到，自己和這位長輩彷彿生活在兩個不同的時空！我就像是現代都會中，公司派去取件的一個業務員，既然不認識對方，那麼就算是機器人走出來把東西拿給我也無所謂，反正我只是去拿個東西而已，拿完了當然就走。

可是那位長輩卻覺得來者是客，雖然知道彼此不熟識，也不可能在這種不能停車的匆忙時間寒暄什麼，卻認為人與人之間至少不能轉頭就走，得給我目送表達尊重。

也許因為他是白髮蒼蒼的長輩，給我這個晚輩的目送舉動，才更加引發了我的注意。雖然我曾有一個念頭想為自己辯護說：何必這樣拘泥禮節呢？單純處理事情，不也是很自然……可是我卻感覺到，當發現對方給我目送時，我的心裡真的有一種睽違已久的溫暖感受。

忽然便想起多年前的一個鄰居，他們家平時兼做資源回收工作，也就是蒐集垃圾來分類變賣，家境不是太好。可是每次見到我，總是會親切的主動跟我打招呼，然後說：「要不要進來坐坐啊！」這句話是老一輩很普遍的打招呼方式。老一輩人覺得，跟別人在家門口講話而沒有請人家進來家裡，是一件不禮貌的事，所以總是覺得必須要這麼說；但誰都知道這是客氣話，如果明明不熟又真走進去的話，那就失禮了，所以我當然從來不把這話當真。

但也就是因為認為這只是客套話，我一直以來不太喜歡他用這樣的方式跟我打招呼，我心裡滴咕的是：「這又不是真的，還不如就簡單說個嗨！你好，比較不會困擾。不然你問我要不要到你家坐坐，我就還得禮貌上回答：謝謝！謝謝！然後卻又矛盾地走進自己屋子去呀！」

可是此刻我突然意識到，「要不要進來坐坐」雖然是客套話，卻表示在對方心裡，至少仍然有一種「不這麼說就太現實了」的意識在。

仔細去感受這份從過去遺留下來的問候語，忽然讓我明白了，為什麼許多人常常在懷念某個時代人情味的溫潤與美好。原來在二十一世紀，當大家理所當然「就事論事」地活了那麼久，心裡其實都累了，卻不知道能到哪裡去找到溫暖的慰藉？直到我們在一個目送的眼光中跌回了幾乎早已忘懷的舊回憶中，答案才隱隱若現——原來，在那個時代，人們還直覺的知道：生命的交會無論如何短暫，也無論是否已經沒有利害關係，都是值得珍惜和感謝的。

數位時代，一切都是1與0的組合。你我之間因為某件事情而有了交集，那時就是1；

等事情結束，那時就是0，一切俐落簡單。有人甚至想把這種概念套進工作、愛情、友情，他們說：何必拘泥、何必做作，明明就是講互惠、講條件，那就合則來、不合則去吧！只要互不虧欠就行了。

可是什麼時候，人連機器都不如了？雖然燈開了就開、關了就關，然而，燈關之後，也尚有餘溫呢。曾幾何時，我們連餘溫也沒有了？

突然又想起有一次，我問一個日本朋友說：「為什麼你所目送的車子已經彎進了他路，對方根本看不到你了，你最後還要向著路的方向一鞠躬呢？」

那位日本朋友的回答令我印象深刻，他說：「最後的鞠躬不是給對方看的，它的本意是在告訴自己，感謝不是一種禮貌，而是要放在心中的。」

剎那間，我的心頭溫暖了起來。

17 別輕易說：再也回不去了

在人生中，要有安全感，
靠得不是求取「安全」，而是求取智慧。

Rita 突然發現丈夫外遇，斷然決定離婚。即使丈夫表示願意斬斷情緣，回家修補婚姻問題，她仍堅決結束這場二十幾年的婚姻。似水溫柔的她一反過去作風，火速填好離婚證書，然後立刻到外面找房子，令丈夫和幾個已經成年的子女都跌破眼鏡。Rita 的理由是：「我很誠實的面對自己的感覺，這種事發生過一次以後，其實不可能再回到以前那種完全的信任了。而這樣，我也看到自己無法再全然的愛著對方了。」

最近我注意到，不知道為什麼，台灣無論電視劇、流行歌曲甚至是廣告裡，都會出現類似「我們再也回不去了」這樣的台詞，而且說這話的多半是女性角色。打趣地說，最近似乎開始流行一種「再也回不去」的感情流行性感冒。

這句台詞還可以用其他不同的句型來敘述，例如：

「我以後不知道要怎麼跟他面對面生活下去了。」

「當朋友或許比當情人更好吧。」

「一顆心碎了以後，再怎樣黏合，永遠都有裂痕了。」

其實說來說去，真正的意思就是：「你讓我無法再有安全感，所以我根本不敢再把感情投資下去。」

如果把話說白了，就聽到真話了；聽到真話以後，就能夠反思了。

原來，我們只能愛具有安全保證的人、事、物。

可是電鍋都不能保證不壞，只能保證維修。為什麼感情不但得保證不壞，而且連維修都不行？

有人說，「信任」這種東西比較特別，一旦破壞了就難以回復了。我不同意，為什麼不去面對一個真相，那就是：在人生中，「安全」本來就不存在？對於不存在的東西，用一個所謂的「信任」去想讓它成立，怎麼可能？

很多人都說，他要一個安全感，但是「安全感」不等於「安全」，只是有安全的「感覺」而已。難道印了「品質保證」的食品，就不會出差錯？那你也未免太好騙了。

緊抱安全感的人，其實總是自信心低落的人。「我很信任你」常是依賴對方的合理化台詞，這種「信任」不容許別人犯錯，對別人其實是個沉重的負擔。世事本無常，需要的是有能力去改善充滿瑕疵的現實生活，而累積這份能力，正是建立強大「自信」的方法。

愈會修理東西的人，愈有自信

你難道不覺得，在束手無策的時候，能幫你修理電腦、修理水管的人，看起來都很有魅力嗎？你可以發現，愈會修理東西的人，就愈有自信；壞掉就覺得束手無策，只能裝酷調頭就走，其實就會覺得自己很弱。所以如果想要愈活愈有自信，就要在人生中遇到狀況時，學會盡量將它修好，而不是把「我覺得我們再也回不去了」的感覺，不斷在心中擴大。

簡單說，人生就是來學習「修理」的。願意修理破損的感情，才是「珍惜感情」，就像電鍋給你出了漏子，你就丟掉，這能算珍惜物品嗎？試想，如果人生不是來修理壞掉的東西、受傷的心以及人與人相處的各種問題，那怎麼可能會有成熟、有智慧、有豐富、有成就？

當然，我不是說，沒有修好的感情你也硬要待在裡面，但至少可以多試一試。很多時候，當你心裡跑出「我們再也回不去了」這樣的感覺時（當然，我知道你也很心痛，你也不願意這樣），你是否願意承認，你其實多多少少只是想告訴對方，他傷你傷得有多重？甚至有時候，這句話也有一點報復性質，不是嗎？

然而，別讓這句話像子彈一樣格殺你倆，因為，其實說真的：要真可以回得去的話，你也是願意的，不是嗎？

18 感動人心的力量，你也可以有！

想證明自己，你就輸了；
能感動別人，你才會贏。

在現代生活裡，相信以下的情境是很常見的吧：

- 做媽媽的每天督促著小孩的作息及功課，筋疲力竭之後，孩子仍然被動。
- 好朋友一同創業，漸漸地，其中一方卻呈現消極心態，讓另一方頭痛不已。
- 身為經理，發現最困難的是帶領屬下。
- 另一半的壞習慣，怎麼軟硬兼施，對方也改不了。

也許你現在也正在其中一個情境中困擾著呢？

經常在聊天之間，聽到人們形容自己如何如何努力，可是對方卻如何如何不肯配合之類的抱怨；大家總說，已經嘗試改換不同的說法或作法，想要影響對方，但是卻徒勞無功。

這些抱怨中其實存在著盲點，就是：以為會對對方造成影響力的是「說法」或「作法」，因此一直在這個範圍內思考解決之道，其實真正會對對方有決定性影響的，是自己「這個人」。

同樣一句話，如果是不同的人說，就會有不同的力量

我認識一位朋友，是個嚴重的肢障人士，他現在是炙手可熱的演講者，許多學校、社團都喜歡找他去演講。他曾跟我說，他的殘疾是一項恩典，因為明明是同樣一句話，由他

來說，就立刻增加許多說服力。

他從小四肢嚴重萎縮，全身只剩下一隻手腕和脖子能夠轉動，必須終身坐在輪椅上。但他完成了許多別人認為不可能的事，譬如當上廣播主持人，得了金鐘獎，娶了美嬌娘，甚至生了兩個小孩；他還號召不同殘障類別的人士，組成了一個表演團體，海內外四處演出，激勵人心，他的生活甚至比許多肢體健全的人更活躍、多彩呢！因為這樣，很多人願意聽他說話。

當我們很希望別人能看重我們的意見，或是能受到我們的影響時，我們必須先自問：「為什麼他們要聽我說話？」

如果能夠做到讓人們主動地願意聆聽你，那麼，要產生出影響力，就變成輕而易舉的事了。而為什麼人們願意聽我們說話？答案可歸結為四個字：

你是典範。

你是某人心目中的典範、你是某人心目中的英雄、你做到了某人想做到的事……如果是這樣，你就會對某人具有強大的影響力。

我可以是典範

偉大的典範通常要先遭受重大的磨難，這似乎又有點可怕（哈），所以平凡的我們，很幸運地過著平凡的生活。那我們能成為典範嗎？當然！我們還是可以做個「平凡生活裡的典範」，關鍵在於讓人們看到我們的勇氣和度量。

有一個經理，有一天在自己部門的會議裡，列出了自己的五大缺點：

1管理標準不一，造成下屬心理不平衡。
2圖一時方便交辦事務，造成下屬困擾。
3在新業務上不熟悉，朝令夕改，造成下屬做白工。
4習慣要求，不習慣讚美，不懂得鼓舞士氣。
5只顧自己部門，以至於下屬不容易獲得他部門支持。

他向下屬道歉，並且表示自己將做出具體的改變。

所有人先是驚訝，繼而卻抱以熱烈的掌聲。這些問題能被主管自己看見，誠屬不易；而勇於改正的勇氣，更贏得真心的尊敬。後來他果真得到下屬更多的支援，而下屬們也更自動自發的把事情做好。

有一位媽媽，有一天買了一面白板，把答應小孩的每一件事，都不嫌麻煩的寫了上去，並附註了承諾完成的時間，每次完成一項，就將它打勾。孩子看了以後，覺得很高興，感覺到媽媽非常重視答應自己的事。

媽媽又買了另外一面白板，把自己要完成的家事，以及預定完成的時間，都詳列在上面，每次完成一項，也同樣將它打勾。孩子這才知道，晚上看電視的媽媽，白天原來做了那麼多工作。

經過了三個月，有一天媽媽才買了一面小白板給孩子，說：請你也把答應媽媽的事寫在白板上，才不會忘記，好嗎？這孩子沒有異議地便照做了。

★做個令人折服的人

深谷並不需要豎立障礙，便會讓來到面前的人止步；春天並不需要呼喚蟲鳥，便能引發萬物探頭。做個令人折服的人，不但能成就自己的人生，更能輕而易舉的點燃人們的心。所以，你缺乏影響力嗎？先成為生活中的典範吧！

最後，有個四個步驟的小練習能夠為你注入「成為典範」的力量：

1 找一個空閒時候，先用你覺得最穩定、舒服的姿式坐好，閉上眼睛，深呼吸幾次。

每次吐氣的時候，就跟著把肩膀放鬆，然後恢復正常的呼吸，放空自己。

2 一陣子之後，當你覺得心變得比較安靜了，就清晰地說一次下面這個詞：

深谷

接著想像你正站在一座巨大的深谷邊緣，俯視著這大自然的鬼斧神工，盡可能具體的去想像眼前這座深谷的樣子。慢慢地，你的內心會有所觸動。

3 再清晰地說一次：

深谷

接下來是保持自然的呼吸，但在每次吸氣的時候，就想像你把這座深谷吸進身體裡，讓身體充分去感受這份感覺。如此持續一分鐘。（當然，如果想要更久也可以。）

4 再清晰地說第三次：

深谷

再繼續享受深谷所帶給你的感覺一會兒。練習結束。

當你希望成為一個具有影響力的人，那種令人折服的個人魅力，必須從內心裡散發出來。你可以持續這樣的練習七個晚上，每次大概只需要五分鐘，你會發現，自己開始具有成為典範的意願了；而當你收起多餘的言詞，致力於成為典範，你真正的影響力便開始散發出來囉。

為什麼想像「深谷」會具有這樣的力量呢？因為「深谷」給人們的感受，就如同一座神聖的殿堂，當你置身其旁，你的心同時就會感受到「偉大」與「謙遜」兩者，而典範人物身上，都蘊藏著這樣的特質。所以透過這個練習，這樣的感覺會成為注入你人格當中的一股新力量。（註）

也不妨在網路上搜尋一下，找張深谷的照片放在電腦螢屏上，常常去感受這份感覺。或是找個機會，真的親臨某座大自然中的深谷，當你看著它的恢弘與氣勢時，記得輕輕地提醒自己：當我覺得缺乏影響力的時候，應該尋找的也許不是做法，而是成為典範。

註：這個方法是利用大自然能量，來強化我們所欠缺的人格特質，名稱為「梅爾達自然冥想法」。有興趣學習更多的讀者，可參閱《絕望中遇見梅爾達》一書（方智）。

19 你有勇氣去弄清楚，自己想做的事嗎？

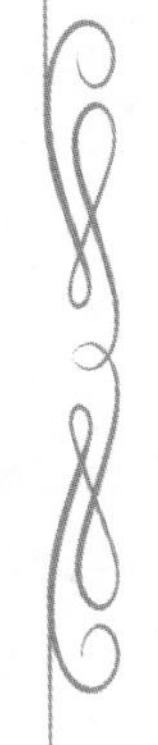

「自己真正想做的事」，不是去「想」出來的，是在生活中不斷跟隨你的心，漸漸醞釀、感觸出來的。

「我好想找到我真正會有熱情的工作，但我找不到。」……

「我相信，如果讓我找到我真正喜歡的工作，我會很投入，每天早上會從床上跳起來去上班！」

「老師，我真羨慕那些很知道自己想做什麼的人，可是我一直無法清楚，我到底想做什麼？」

別以為說這些話的人都是混吃等死之輩，不，其實他們工作多半都很勤奮認真，也能勝任自己現在的工作；可是他們心裡面卻有很深的焦慮感，也有很大的企圖心，總覺得，如果沒有找到自己「真正想做的事」，個人潛能就無法百分之百發揮，那麼他們多工作一年，就多輸別人一年。

到底這種焦慮感是從哪裡來的？追問之下，原來是因為，現在的電視、書籍、雜誌，一直在告訴他們，各行各業的成功典範，都有一個共同點：很清楚自己想做什麼，所以很早就投入了，因此在很年輕的時候，就有了一定的成績。

而來找我諮詢的這些人，他們雖然有穩定的工作，但是焦慮感反而比剛入社會時還大，因為如果按照自己現在這樣的發展步調，看不到會有什麼突出的未來。他們很想趕快做出成績，可是總覺得才華、能力與工作熱情，好像都比不上那些他們羨慕的成功人士。A君對我說：「老師，這些成功人士為什麼能夠這麼清楚自己要做的是什麼呢？如果能夠這麼清楚，就能夠有勇氣不怕任何阻礙，勇於脫離現狀了吧？」

原來，我們會羨慕那些很清楚自己要什麼的人，還包括了：似乎這樣就會自然而然擁有「勇氣」這件寶物，不會患得患失，敢於脫離「現實」？

可是一年一年過去，你會發現，「我到底想要做什麼？」會變成一種類似風濕般的疾病，偶爾天氣不好的時候才會發作一下，但漸漸地，也就覺得並無大礙，發作完就算了。然後漸漸地，也會把注意力轉到加薪、買房、結婚生子這個流程去，然後你會覺得，自己其實也活得好好的呀。

印度智者克里希納穆提說：「想要與眾不同，是最平庸的欲望。」真是太毒辣，卻又太真實的一句話了！年輕的時候，常常會誤以為「因為自己有想要成為不平凡的人」的念頭，所以自己就是不凡的。其實翻開心理學，那不過是一種幼兒期「自我中心」的延續而已。環顧你的四周，身邊何時缺少一些「自命不凡」的朋友呢？

這樣說，不是在潑你冷水——好吧，我承認是，可是冷水可以讓人冷靜，不是嗎？

「我不清楚我到底想做什麼」其實是個假議題，真相是：太在乎成功與否的人，會有勇氣去弄清楚，自己到底想做什麼嗎？人其實並不是沒有「真的很想做某件事」的那種時刻，可是因為害怕失敗了被人嘲笑、害怕付出沒有回收，或覺得沒有辦法立即看到回報，所以就產生焦慮、軟弱，然後就將這股衝動放過了。漸漸地就騙自己說，有一個答案叫做「我『真正』想做的事」，只要我找到它，我就自然會產生出勇氣與熱情，我就會不計得失。

「我真正想做的事」現在是很多人的救世主，他們告訴自己，只要找到祂，自己就會開始發光發熱。其實，問題的根源是：既然這個命題的潛在初衷就是想討好別人、大獲成功，那又怎麼會真的願意去找「自己真正想做的事」呢？內心所浮現的想做的事，若跟成功看起來無關，不就興趣缺缺？

當自己的內心有一刻，很想幫別人，因為要多花時間，是否就視而不見？

當自己的內心有一刻，很想買禮物答謝某人，因為要多花錢，是否就一切從簡？

當自己的內心有一刻，很想放下一切到某個地方去，因為請假會扣錢，是否就打消此念？

當內心有一刻，很想明白某個問題，但因為鼓不起勇氣去問人，就自動放棄消音？

其實所謂「真正想做的事」，就是生活中這些看似不起眼的「內心一刻」，透過每次你的跟隨，一點一滴醞釀出來的。如果你問那些很清楚自己想做什麼事的人，你會發現一個很簡單的事實：「自己真正想做的事」，不是去「想」出來的，而是在生活中不斷跟隨你的心，於是漸漸醞釀、感觸出來的。

當人在生活的各個領域，面對朋友、面對家人、面對生活、面對社會現狀……而不是只是面對小我的需求，你的心都能保持溫熱、保持敏感的時候，我保證你會在最快的時間內找到「我最想做的是什麼事」，然後你就會一往情深地為它披荊斬棘、開創一條路出來。而在這個過程中，因為你的努力，你會從中看得更廣、看得更深，就會自然醞釀出下一個階段自己「最想做的事」，就這樣，你人生的成就與層次，就一直不斷地往上提升了。

如果你只是想贏得他人肯定，「你最想做的事」本來就是來自你的計算，所以當然你很容易膽怯，看不到回報就想放棄。可是你最想做的事，若是來自於「愛」，這個愛是對生活周遭的人事物，願意常常去關心，看見了自己的責任與別人的需求，那麼你就會清楚，無論成敗，你都必須這樣做，這樣人生才有意義，那麼當然就會願意堅持下去了。

所以，別在這個小小的「自我」身上拚命找「自己真正想做的事」了，好嗎？當你的內心有愛，你會在這個世界的需求上，激發出自己的熱情，看到自己想做的事；而你會發現，會吸引你目光，讓你想去投入的那個領域，往往就是你天賦特質之所在。這一切，天與人的合一，是配得剛剛好的。

20 你的心，有沒有個保養站？

做給別人看的事情，你在裡面也要能夠享受，
這就是真正成功的人生。

我有一個習慣，在餐館裡用完餐之後，會盡量自己把餐盤餐具疊好，將桌面盡量整理乾淨才起身離開。這樣做的目的是讓服務人員來收拾的時候，可以用較短的時間完成工作，讓收拾工作變得輕鬆些；因為我覺得外場的服務人員很辛苦，希望多多少少減輕他們的工作量。這個習慣算一算，快要將近十年的時間了。

我從來不會聲張這樣的做法，但這十年來，只要有機會看到服務人員的表情，我幾乎都毫無例外地，看到他們的眼睛一亮，神情閃現出瞬間的愉悅。雖然他們依然默默收拾著，也沒說話，但我知道，他們接受到那個遺留在餐桌上的善意了。更不用說有些我常去的小吃店，我發現服務人員總是對我特別的親切。

然而並非每一次我都這麼做的，譬如餐館用的餐具如果比較昂貴和繁複，通常服務人員都有他們保護餐具的一些堆疊收拾的規則，我就不便代勞。還有在宴會的場合，如果自己收拾餐盤，可能會讓旁人感到不便，我也避免。最後一種情況就是，當天行程太趕了，我沒有時間這麼做，甚至食物都吃不完就急忙走人。

「把自己的餐具收拾好」的這個餐後動作，一開始是發自於一份小小的善意，但漸漸地我發現，當我在做這個動作的時候，會為自己帶來更愉悅和放鬆的心情。譬如我會好好先觀察所有碗盤的大小，預想好如何能夠收拾成最小的體積，還要考慮殘餘的菜肴湯水如何全部整理到一個容器裡的順序，然後才開始著手。這像個小小的益智遊戲，同時最後能夠整理得美觀，讓服務人員好拿的話，也讓我覺得有種小小的成就感。而在把桌面收得井然有序的過程中，我的心似乎也更感到從容、安定了。

後來我在一本書上，讀到一篇有關於日本茶道的文章。它說，舉辦茶道會的主人在茶道會前一天，就必須將所有要用到的茶具，在茶室後面的廚房準備齊全，並且排放整齊；完成這個工作以後，離開廚房之前，還要向所有的茶具一鞠躬才能離開。

書裡說，為什麼要向茶具一鞠躬呢？它們又不是人，也不會回禮。原來，這樣規定是有兩個原因的。第一，就是表達對這些茶具珍惜和敬意，因為這些茶具都是職人們用心製作出來的，鞠躬是提醒自己，要從「物」看到「人」，才會心生感謝而去珍惜。

第二個原因就更妙了！書中的茶道老師說，當你發現自己匆忙到連這一鞠躬都覺得耽誤時間，或是做了樣子卻心不在焉，那麼這個瞬間就像面照妖鏡，會讓你看到，原來自己已經忙到沒有餘裕了！這時候就要去反省，為什麼會搞到如此匆忙呢？這次舉辦茶道會的準備過程中，是不是有什麼應該改進的地方呢？茶道會的優雅從容，不是做給別人看的，而是自己也要浸泡在其中，如果幕後搞得很狼狽，或心裡頭匆忙不安定，這是完全不合格的。

看了這篇文章以後便明白，為什麼以前聽人家說，學習日本茶道主要的目的是修身養性了；也讓我省悟到，當我連餐後整理餐盤的心情、甚至時間都沒有時，我不也可以藉此去反省自己：為什麼會把自己弄得如此匆忙呢？

如果說我連一些舉手之勞的小小善行都沒有心情、甚至沒有時間去做，那麼我目前的生活方向，是不是有本末倒置，或是太過於執著的地方了呢？這樣對我的整體生命真的好嗎？藉著自己整理餐盤的狀態，作為一個「檢測儀」，這樣我很快就會去把當下失調的部分調整回來，這真是個好方法。

現代人做什麼都講求效率和速度，但是如果沒有時常校正方向，做得愈多，反而造成的失衡或失調更大。例如：很多人在累積壓力的時候，自己還以為沒事，直到突然因為一個引發點，情緒爆發了或出了差錯了，才慌張地覺得意外（到時還會殃及無辜），那時連該從哪裡收拾起，都摸不著頭緒了。

所以，該怎麼預防呢？就像血壓高的人每天要定時量血壓一樣；忙碌的人，要是能夠在生活中設定一些「心情」的「檢測點」，讓自己能透過這些檢測點來經常回報自己「心的動態」，時時做點小反省和小修正（這些都很容易），我相信一定能夠防患於未然！

古時候很多聖賢都教我們做事要有規矩，比如早上開門要灑掃庭院，遇見人要先問好等等。這些小時後唸的書，長大的我們全嫌煩，覺得很多規矩太古板沒有必要。然而我慢慢意會到，所謂「沒有規矩不成方圓」的道理。

無論你覺得自己多麼新潮、多麼自由，但失去了一些必須堅持的規則，也許得到短暫的方便和利益，卻會開始遺忘許多事情的初衷與本質，甚至失去了反省自己與安定自己內心的機會了。而當一個人的心無法安頓，事情的初衷也已經走樣，這樣的狀態怎麼可能帶給任何人幸福呢？

有的人堅持每天再怎麼忙也要寫幾行日記，有的人堅持用餐之前要先感謝食物，有的人堅持每天工作完一定要清點工具和保養工具，有的人則堅持每天睡前一定要回想今天值得感謝的三件事……這些看似小小的生活規則，其實就是心靈的小小保養站，能幫助自己回歸於清明，不讓自己糊糊塗塗地被滾滾紅塵淹沒。瞭解了這個道理以後，我一點都不敢小看它們了呢！

ch.3 轉個彎，看看生活

21 行萬里路，然後創造你的世界

「旅行」真正的意義，
是願意把錢花在你的「眼光」，
而不是你的「恐懼」上。

前些日子有個新聞報導，一對美國夫婦 Matt 與 Jessica，二〇一一年變賣了家產，買了一條小船，踏上了環遊世界的奇幻漂流之旅；二〇一二年還加入了一隻小貓，就這樣兩人一貓旅行了十六國至今。圖文並茂的報導中，盡是藍天碧海與異國風情，但小貓生活照卻散發著濃濃的「家庭式」的生活感，讓大家看見了另一種形式的幸福。

「環遊世界」雖然令人羨慕，但就新聞而言早已不特殊，「變賣家產」恐怕才是記者會想刊登、人們會想多看一眼的理由吧。坐在辦公室裡頭，誰都想像過那種瀟灑地把辭呈往老闆桌上一丟，然後頭也不回地背起行囊走向機場的場景。可誰也不敢輕舉妄動吧？所以如果有人真的這麼做了，「下場」好像還似乎不錯。無論是羨慕也好嫉妒也罷，除了想看看他們的愜意生活之外，就更想知道他們是靠什麼活下去的了？不過點開一看，報導裡卻沒有說這對夫妻以何營生？是家產目前還沒有花完，還是早就得到廠商的贊助？最關鍵的財務問題沒有透露，美好的畫面反而在讀者心中留下了一個疑問。

另外一則幾乎是同時間的新聞，報導了台灣一對小夫妻遊歐洲二百八十天，只花八萬元的事情。乍看這個金額，任何人都會直覺地說不可能，光機票就不止這個數字！但正在旅行中的他們，還計畫著至少再繼續旅行一年呢！

報導說，這二百八十天中，事實上他們只坐過一次飛機，其他都以陸地運輸工具進行；至於食宿等等花費如何節省開支？就利用各種打工換宿、搭便車和沙發客的方式解決。記帳記到小數點後兩位的這對小夫妻，在他們的臉書裡，還詳細地分享了許多不靠錢解決問題的方法，吸引了好多人天天追蹤著他們的消息猛抄筆記。

其實，大家心裡都覺得，最難的是「沒有錢」，如果「錢」的事情能解決，其他的就簡單了。

這個想法不能說不對，因為現在這個世界的交易介質，就是金錢，沒錢會寸步難行；但也不能說完全正確，因為並不是你需要準備好所有的金錢，才可以去做很大幅度的生涯改變。

我自己就深刻經歷過這樣的金錢課題。二〇〇五年的時候，我辭掉了廣播電台的主持工作，離開大都市，跟另一半移居到偏遠的山上去生活，當時我們的想法跟這些去環遊世界的人想的是一樣的：能去多久去多久。你問我們，如果以後膩了怎麼辦？我們也認為：到時候再說。因為我和我另一半有一種很樂觀的信仰：現在聽從自己內心的召喚去走，未來一定有路。

可是就金錢的部分來說，又是怎樣呢？當時我們在山上的居處是向地主租用的，雖然他只願意跟我們先簽約兩年，我們還是毅然決定把所有存款都投入在山上建設，不夠的部分還去借貸，自己親手營建小民宿。可是小民宿完成後，營運才快一年，成本根本還未回收，一個罕見的強烈颱風竟造成大坍方，把我們的水源地完全覆蓋了；於是在無法生活的情況下，我們便決定結束山上的日子。當時，我們是負債的，而我們重新回到都市來時，也必須面對現實的生活。這算不算是大家認為的「你看吧」的版本呢？

可是，正因為這一段將近兩年的出走歷程，我才弄清楚了，自己這一輩子最想過的日子是什麼？我決定不再回到廣播界，將我真正最想做的心靈工作變成全職。於是，從山上遷回都市以後，我拿出這輩子從來沒有的毅力，半年出版一本書，並開始開班開課，扎實地去學習怎樣做好這個工作。

轉眼十個年頭過去了，如果你現在問我，還想不想去環遊世界？我會告訴你，我不會想了，我不再需要透過環遊世界，去釋放自己、去逃脫什麼，或是去追尋未知，因為我已經創造了自己想要過的生活，我自由了。當然，若是以旅行本身來說，我還是很喜歡，以我現在的工作型態，無論時間或金錢，都帶給我很大的自由度，我想去就去了，只看我自己要不要。

而山上的那一段面對未知和挑戰的經歷，以及大自然無比動人卻又另人敬畏的美，也深刻地成為了我現在一回憶、就能夠立刻重溫的心靈資產，它到多年以後的現在，都還在滋養著我的靈魂。因此，隨著時間愈發證明的是：當初我們說走就走的壯舉，確實是太值得了。（註）

但我絕不是要去證明，一種不計後果的出走，必然會帶來如此的效果。如果這個出走裡面，有一種對生命真誠的「參學」，那麼這個歷程就會在人的心裡面累積出智慧，帶你去看見更多以前你看不出來的做事方法，讓人更具有創造性；而一旦一個人具有創造性，他就不需要準備足夠的金錢才能去做什麼，這個邏輯就被打破了。

「環遊世界」，古時候其實早有了。有心從政的人要懂天下事，就要去「周遊列國」；參禪想開悟的行者，也要跋山涉水，遍訪名師。所以「出走」不是為了單純的自由，而是為了「參學」，這樣的出走才有未來。因為外面風景再美，都不是你創造的，只有自己能成為一個有開創性特質的人，人生風景才是由你決定的了。

註：這段出走台東都蘭山的曲折歷程，請見《一生，至少該有一次說走就走》一書。

22 有錢人，沒有你想像的有錢

能夠由衷的感謝，才是最大的富有！

很多場合，如果直接問人們對於金錢的觀念，我聽到大部分人的說法都是貌似「很知足」的答案：「錢的話，夠用就好了。」可是如果換個方式問：「你的願望是什麼？」很多人的答案卻又是「不用工作，能環遊世界」或是「中彩券，提早享受人生」之類的。這蠻弔詭的，所以說，錢……到底多少才會「夠用」呢？

「當然是愈多愈好啦！」恐怕這句話才比較實在點吧？看到全世界沒有哪個地方的人不買彩券就知道了。其實，真的，有錢真的很好，讓你有更多自由做更多事，但是在你夢想著成為有錢人的道路上，請把今天要告訴你的話記在心上：人真正的財富，是以下面這個公式計算的：

帳面金錢 × 心靈匯率 = 真實財富

也就是說，是不是一個真正的「有錢人」，得通過這個「心靈匯率」的折算之後，才知道。「心靈匯率」是我自己發明的名詞，在這裡第一次問世，經我等會兒一解釋，你就會知道，它確實存在於真實的人生中，而且比銀行看板上的匯率對你的財富影響更大。

首先，這個公式告訴我們什麼？有的人帳面上看起來錢不多，但如果他的「心靈匯率」高的話，通過這個「心靈匯率」的加持以後，實際上他等於非常有錢；可是反過來，有些人帳面上看起來很有錢，可是他的「心靈匯率」如果很低，一折算，卻相對貧窮！

「心靈匯率」不是一個科學上的數字，它是在表明一個概念：同樣數目的金錢，對於不同的人，能夠創造出來的「價值感」是不一樣的。而決定金錢能顯現出多大價值感的關鍵，則是每個人的「心靈狀態」。透過你的「心靈狀態」，把你的財富的價值變得更大或縮得更小的現象，就稱為「心靈匯率」。

譬如說：很多社會上所謂的成功人士，他們在外頭形象很好，一派充滿理念、遊刃有餘的樣子，但在公司裡面，天天對下屬爆怒拍桌，時時刻刻因為業績數字喜怒無常，為了逼大家達成目標什麼狠話都說得出來，而且天天早出晚歸，半夜隨時都可能醒過來打電腦。他們並不一定是利欲薰心，而是身為經營者，各方面壓力都非常大，因此他們的生活品質，竟可能是全公司最差的！也許你會看到他們有的喜歡蒐集名錶，有的喜歡買跑車，一次刷卡下來，就是你一年都賺不到的錢。可是這些消費給他們帶來的快樂的深度與長度，實際上可能不及一個小職員，下班後無事一身輕，坐在小咖啡座裡，吃一球三十塊錢霜淇淋所感受到的幸福。

現在，我們來算算他們的「心靈匯率」吧。如果先將你的「心靈匯率」設定為1，假設你買一件五百塊錢的牛仔褲可以得到的快樂，他們必須買一個十萬塊錢的名牌包才能得到。那麼，他們的「心靈匯率」相對於你的，就是五百除以十萬等於〇．〇〇五。

也就是說，平常你花五百塊錢，乘以你的心靈匯率1，就可以得到五百分的愉悅感；可是對某位心靈匯率只有〇．〇〇五的高階主管，想得到同樣五百分的愉悅感，他得花多少錢呢？答案是你付出金額的兩百倍！

再譬如，也許你只是傍晚在公園裡，跟伴侶手牽手迎著晚風散步，再去附近有點人氣的小館吃個麵，兩個人只花兩百塊錢，就覺得好幸福。可是許多「有錢人」卻從來沒有時間準時下班，只能偶爾擠出時間，花大錢特別跟愛人飛到國外度個小假，還得送她一串昂貴珠寶，才能重溫一點彼此當初的親密。算一算，錢賺得多，卻也花得多，但收效呢？也許只能跟你一樣，甚至不如。

因此，為什麼說「有錢人，沒有你想像的有錢」呢？因為他們很多人的心靈匯率都很低，而且常常錢賺得愈多、職位愈高，心靈匯率反而愈降愈低。當你擁有愈多金錢名位的時候，你也需要花費愈多金錢去擺平很多人事、打通許多關係、投入更多事業，以維持自己的優勢。扣掉這些，能用來享受的金錢，真的就不如別人想像的多了。再加上身心長期的緊張、時間少、人際滋潤度低，要得到同樣的幸福感，就算砸大錢也不一定換得到呢！所以心靈匯率計算起來才會這麼低。他們之中的許多人努力了半輩子，折算出來的幸福感只有一點點，這樣的辛苦又不能讓外界知道，人生何其悲哀啊！

你說，真的是這樣嗎？我告訴你，是真的，因為這個社會的「成功規則」之一，就是靠「累積你的羨慕感」來達成的。所以成功人士都不敢告訴你，他有多不快樂、他有憂鬱症，或告訴你他的身體有多糟……因為「讓人羨慕」也是所謂「成功」很重要的手段之一，你永遠聽不到他們在哀嚎。況且，如果他們犧牲了那麼多所獲得的生活，竟得不到你的羨慕，不就等於徹底失敗了？

但絕不是說做有錢人不好，只是指出一個事實：有錢人往往不如你想像的「有錢」，但是有錢人也可以提升心靈匯率，那麼就能夠真正享受他的富有！不用說，這才算是真正成功的有錢人，這樣的人也有的。

當然，換句話說，一個「心靈匯率」高的人，也許帳面上不如你有錢，但他實際的生活感覺，確實會比你富貴。比如說，他只是買一朵花回家，看著那朵花，就能感受到生命的奇蹟，感受到花朵不可思議的美，感受到生命的喜悅；然後他想一想，自己只花了二十塊錢，便會說：我怎麼這麼幸福啊！這朵大地孕育的花，絕不是任何金錢能夠創造的，而我竟然只付出了一點點就能享有這麼多！

一個「心靈匯率」高的人，當他的家人買了一包車輪餅回來給他，這包車輪餅可能只有五十塊錢，但他會覺得：這些餅從麵粉到成品，有多少人的辛勞在其中啊！而家人的陪伴、自己健康的身體……這些都不是每個人在無常的世界中一定能夠擁有的。於是他真的會感覺到，那個吃餅的片刻，自己真是太豐盛、太幸福了。

能夠由衷的感謝，真是最大的富有！

全球經濟學家都做不到的事，就是在現在這樣的時局，讓你的錢變大；可是在心靈的領域，這是做得到的！你願不願意提升你的「心靈匯率」呢？願意體會真正的富貴嗎？請讓我接著把方法告訴你吧！

23 這樣用錢，錢會變大

懂得賺錢，並不一定能讓人感謝人生；
懂得把錢花在真正好的事物上，
你才會由衷感謝自己賺來的錢。

我有一個朋友學的是服裝設計，從事的是個人形象顧問的工作，都是一些企業界的客戶找她學習如何搭配衣著，營造個人形象。當她的朋友有個好處，有時沒花錢也可以得到她的「真傳」。其中印象最深的，是她教我們怎麼在置裝這件事情上，讓錢變大。

「有些名牌衣服很貴，很多人就捨不得買，認為那樣很奢侈。其實打開她們家裡的衣櫃，把那些只穿一、兩次就發現不適合自己，或覺得不好看而不再穿的衣服挑出來，你會發現，當初購買它們的金額加起來，早已足夠拿去購買一件、甚至兩三件高檔衣服了。」她說。

「那些高檔衣服雖然單件價格高昂，但是其中也包含了因為有一點點瑕疵就必須打掉不要的成本，比如說工廠生產十件同樣的衣服，可能有五件就打掉了。所以這些能夠被販售的精品衣服，無論在車縫線、各種角度的細節上，都處理得十分講究和完美，而且非常耐穿。如果說它的風格又很適合自己的話，你一穿上去，真的整個人馬上加分。好的衣服的每一道工序都必須嚴格做出美感，所以任何時候，即便是你很匆忙地穿上了它出門，也好像經過細心的打扮。

「如果說，你買了一件這樣的襯衫，要價兩萬塊，可是你常常穿它，五年內穿它兩百次，那麼等於每穿一次花費一百塊錢。然而想想看——譬如某件襯衫你花了兩千塊買了——當時可能是打折的時候搶購的，你看到它原價是三千塊，覺得自己賺到了。可是買回來以後卻發現不適合自己，或是穿上去也很普通，沒有給自己加分，結果你頭一年內只勉強穿了十次，以後就不穿了，又去買新襯衫，那麼等於穿一次花費兩百塊錢，實際上比前者更加奢侈。而像這樣穿幾次就不穿的衣服，想想看我們過去買了多少？」

所以，我這位朋友說，如何在買衣服的時候，讓錢變大呢？她提出三個原則：

1 絕不因為便宜所以購買。

2 平時對如何穿著搭配認真學習。

3 再三試穿比較，嚴格規定某件衣服真的到了愛不釋手的程度時，才出手購買；這時，只要不會喝西北風，刷卡絕不手軟。

「那麼經過一段時間你會發現，自己的衣櫃充滿了能讓自己真的神采飛揚、自信滿滿的衣服，而且別人對你的印象，也會大大加分。按照這個原則，購買衣服的速度會減得很慢，但是全部都會是精選，事實上計算整體金額，比經常亂買衣服的人，花費更少。

「還有，很多男人女人偶爾買一、兩件昂貴的衣服，就會覺得要留到特別的場合才穿，這是完全錯誤的，事實上那種場合太少了，要讓自己覺得富有、幸福，就應該常常拿出來穿。只要省下買錯及亂買衣服所花的錢，讓每一次購買衣服都只選擇對你而言最好的，然後每一天都穿它們，你就會覺得，自己日子過得好棒，辛苦賺錢很有代價；你的朋友、同事、上司也會覺得，好像你過得很豐盛，無形中，還會讓他們更樂意信任你、喜歡你。」

我這位作形象顧問的朋友，真是掌握了提升「心靈匯率」的法則，那就是：去蕪存菁，全心投入。

現在大家說全球經濟不景氣，錢愈來愈薄，可是試著在生活各個層面「去蕪存菁」看看，透過這樣的方法，你反而會感覺，生活愈來愈有富貴感。譬如：

・把亂七八糟的杯子丟掉，只留下自己真正喜歡的那一個，每天使用。

・把櫃子裡收藏的什麼「我捨不得用」、「要留到……時候才用」的好東西，立刻統統拿出來享用。

・不輕易受到廣告影響而消費，但若遇到用心經營又實惠的餐廳、店家，看到真的值得收藏的好書、CD，就毫不猶豫的把錢花在上面，讓自己好好珍惜、享受它。

・放假絕不隨便殺時間，平常就要去瞭解自己真正喜歡去的地方、喜歡玩的方式，然後好好地規畫休閒計畫，讓每一次放假都過得充實愉快。

記住，你是花錢才來到每個「此時此地」的（就算到郊外，也要搭車；就算跟姊妹淘聊天，也要買杯咖啡），所以盡可能享受每個「此時此地」，是讓錢變大最重要的心法。譬如聚會的時候，讓它不再是「殺時間」或是「填補空虛」，好好選擇你的朋友，好好選擇你們聊天的話題，讓它們能夠幫助你成長，促進你們真實的情誼，這樣你的一杯咖啡錢，都價值連城。

是不是聽起來還不賴呢？賺錢既然辛苦，花錢就得精打細算，但精打細算並不是降低你的生活品質，剛好相反，是要提高生活品質。這中間只需要一個關鍵，就是：真正瞭解自己所需，然後把錢集中，毫不猶豫地花在最能讓自己幸福和成長的人、事、物上。

懂得賺錢，並不一定能讓人感謝人生；懂得把錢花在真正好的事物上，你才會由衷感謝自己賺來的錢，這就是「讓錢變大」之「道」。況且，懂得集中金錢去支持所有用心工作的人和產品，而不再把錢分散在虛有其表的事物上，我們等於一邊花錢享受，一邊還讓真正有益的事物得到發展，這不正是這個充斥炒作遊戲的世界，最需要的解藥嗎？

再想想，人生的其他領域，工作、愛情、生涯……不也是需要這個去蕪存菁的道理嗎？不左顧右盼，不什麼都想抓，當看到真正有價值的事物，懂得付出全部，你人生的衣櫃裡，每一件經歷就都是最棒的！

24 你手裡的包包，就是你的太陽星座

你不應該「犒賞自己」，
因為隨時隨地，你都值得給自己享用美好的事物。
別作自己的「苛老闆」，這才是真正去生活。

你對「十二星座」有興趣嗎？稍微研究多點兒的話，還會知道有「太陽星座」、「月亮星座」、「上升星座」等等的不同。一般從陽曆的出生日期所說的星座，是指太陽星座，太陽星座落在哪個星座，就代表你在人群之中的外顯性格；而月亮星座落在哪個星座，則是代表私底下的你，或是說居家生活中，你另一面的個性。

可見人的個性是個多面體，不一致根本是天生的！不過如果要透過星座才能瞭解一個人的多面性，說實在有實際困難，因為有多少人記得自己的月亮星座呢？更不用說上升星座了。

但是今天我要把我的獨門祕訣「傳授」給你，教你怎麼不用透過星座，就看出一個人的「太陽」與「月亮」星座是什麼性格，這方法可厲害了。

先單刀直入，把祕訣直接告訴你：

包包——太陽星座

鞋子——月亮星座

意思是：從一個人拎的包包，你可以看到她在社會人群中，想要給別人什麼印象？想要展現什麼樣的自我？而這就接近所謂的「太陽星座」。另一方面，從一個人腳上穿的鞋子，你則可以看到他私底下，認為自己是個什麼樣的人？適合什麼樣的東西來匹配？而這個就接近所謂的「月亮星座」。

有意思吧！為什麼會這樣呢？首先還是要強調，當然沒有一個簡單的原則能夠成為絕對的真理，總是會有例外，但是對大部分的人如果是適用的，也就有參考價值了。買包包與買鞋子，人潛在的動機是有微妙不同的，除了實用功能的考量之外，還包括了心理上的投射。

包包通常是用來給自己的社會形象加分的，說白一點，就是隱含著「表徵身分地位」的需求，所以很多人買包包的時候，其實選的是他們心目中「所羨慕的、想成為的那個樣子」。

而鞋子相對於包包，則是穿戴在身體比較不明顯的部位（腳下），因此對社會形象的控管相對鬆綁，就比較容易朝向「自己喜歡」、「合適自己」或「比較像我自己風格」的方向去選擇了；有的人甚至對於鞋子舒適度的要求，還超過對鞋子外型的要求呢！這都很接近「月亮星座」想要表徵的性格。所以一個人腳上穿的鞋子，會比較像是這個人對「現階段的自己」真正的自我概念。

用表格來做個整理，你就會更清楚了：

	包包 代表著：	鞋子 代表著：
在生涯發展上	她想要的未來	她現在的位置
在人際關係上	她想給別人的觀感	她對自己的觀感
在社會生活上	她想要的身分地位	她現在的身分地位
在自我評價上	她羨慕哪種人	她比較像哪種人

當你掌握了包包和鞋子所代表的意義，以後逛起街來就更有趣了，看著來往行人，彷佛多了一雙X光眼，可以知道他們更多。但是這到底準不準呢？我建議你先從觀察周邊熟識的人開始，就知道能否印證這個理論。此外還有一個觀察重點：一個人的包包與鞋子之間，差距有多大？包包和鞋子的風格或檔次差距愈大的人，通常就表示，自己的表相與現實之間的差距也愈大；反之就表示差距愈小。

例如正在追求成功，或是表相大於實力的人，通常包包都會好過鞋子（大部分人的狀況）；已經功成名就與胸無大志的人，他們的共通點則是包包和鞋子之間的差距都會很小。例如包包很講究，鞋子也一定很講究，或是包包和鞋子都一樣普通。

至於鞋子好過包包的人則相對稀少，他們會比較反骨，也比較悶騷，算是一群活在自己世界裡的人，所以你會看到有些藝術工作者，他可能背了一個很功能性的包包，可是腳上卻踏著一雙到什麼場合都很奇怪的僧侶鞋；他們作怪的地方通常不是包包，而是其他像鞋子一樣，占身體比例比較小的配件。

你跟一個剛認識的人洽談合作案，或剛交了一個印象還不錯的異性朋友，一定很想多瞭解對方一些吧？那麼如果想更清楚他／她處心積慮經營的形象，就看他背什麼包包；想知道私底下他真正的風格，就去參考他穿什麼鞋子。然後，再感覺一下鞋子與包包之間的差距有多大，那麼你就知道，要怎麼樣更穩當地跟對方往來了。當然，這個方法對一種人是會失準的，那就是看過這篇文章的你囉！如果因為看了這篇文章，你趕快去買了一雙 PRADA 的鞋子來配你的 LV 包，那你確實更會像個裡外一致的有錢人。不過何苦呢？接下來好幾個月又要節衣縮食了。

說起來，這個包包和鞋子的理論之所以成立，還是因為在商業宣傳下，「包包」與「鞋子」已經被賦予了不同的價值象徵。「包包」一直跟「身分地位」連結在一起銷售，而鞋子則比較訴求於「自我主張的展現」，所以這個城市心理學如果拉到紅塵之外的世外桃源，對生活在那兒的人們也就一點也不管用了。

所以說起來，擁有許多包包和鞋子的我們，雖然物質上很富裕，可是失去的卻是純然地做我們自己；以這個自己來享受物質的單純心情，這是否也是不小的損失呢？其實買愛馬仕或LV，重點應該是真的欣賞它的工藝與美術，而不在於它是「奢侈品」，更不需要當它是什麼「犒賞自己」的東西，因為每一個人隨時隨地，都值得給自己享用美好的事物，何需條件才能犒賞呢？但美好的事物，應該以你自己的慧眼去識別，而不是依靠價格來決定的。

但願未來，這個包包與鞋子的心理測驗會完全失靈，那時候，每個人都能以最單純的心，去選擇自己真正喜愛的生活。

25 一招妙計，引你的貴人出現

地球就是一個靈魂教室，所以，犯錯永遠有救，
但是，遮掩錯誤就完蛋了。

我一個朋友的學姊Mina，是個很敢於嘗試新造型的女子。有一天她去給髮型設計師做了一個超高棒棒頭，就是把頭髮整個往頭頂上抓，再纏成一個圓錐棒狀物，整顆頭酷到不行（像個乒乓球拍），然後就去搭公車。

Mina可能最近工作太累，休息不夠，一上公車沒多久，就倚靠著車窗打起瞌睡來。偏偏當天路況似乎不太好，車子頻頻顛簸，她頭頂上的那束髮棒就不停地敲擊著窗玻璃；而她也在半夢半醒中，控制著自己的頭不要搖晃得太大，以減輕碰撞的力道。沒想到車子行經某地，忽然一個大轉彎，她的頭就像被人惡作劇似地抓起來，猛力地往窗上一推，頭上的棒子於是結結實實地往窗玻璃一敲，咚！發出好大一聲巨響，全車都聽見了。

這麼一撞，當然Mina也完全清醒了，當下知道發生了什麼事，她想：「天啊！真是糗斃了！現在怎麼辦呢？」她心裡亂轉了幾圈以後決定，這時候要是張開眼睛，簡直無地自容，唯今之計，只好繼續裝睡，避免尷尬。於是她就硬著頭皮假裝仍在睡覺，毫無知覺，心想這樣就可以混過去。

沒想到這完全是個敗招，因為站在她座位不遠處的一位歐巴桑就由衷驚歎了：「啊呦！撞得這麼大力還不會醒耶！」結果全車爆笑。

聽朋友講這件事，我簡直笑翻了，聽說這位學姊的糗事還不止這一樁。不過這不是我們今天的重點，要聽更多請持續關注本書續集（如果有的話）。好了，這事情給我們什麼啟發呢？掩飾，有時候會造成第二次的出糗，而且可能更糗！

這種事在生活裡面其實很常見，最恐怖的是，你自己這麼做了卻渾然不知。比如說農曆年前，一個上我心靈成長課的同學就在課堂上說，她才新婚半年，今年是第一次要跟老公回婆家過年，她說老實講真是老大不願意，因為一想到自己要像電視劇裡面演的那樣，去扮演一個乖巧能幹的媳婦，捏著嗓子去跟婆婆喊說：「媽，廚房裡我來幫忙。」就覺得好假，壓力又好大。因為其實平常小倆口在自己家裡，飯都是老公煮的，連水果也是老公削的，她通通沒做。

我班級裡的學生，年齡層涵蓋二十幾歲到六十幾歲，什麼階段的人都有。她一說完，立馬就有好幾個「資深媳婦」說話了：「唉呀！妳不必有壓力了，妳以為妳婆婆不曉得嗎？知子莫若母，他兒子會怎麼伺候老婆，她會不知道？就算不知道，妳一進廚房，三兩下就露餡兒了。我勸妳只要大方承認妳會什麼、不會什麼，如果真的什麼都不會，就說妳什麼都不會，這樣是最好的；如果硬要假裝，當婆婆的既不能揭穿，又不能教妳，會比妳還痛苦的！」當時也是全班一陣哄堂大笑。

這位年輕的學生聽了目瞪口呆，連忙說：「真的嗎？好在你們先跟我說，不然我在那邊假裝了半天，被識破了自己都不知道！」

這個例子又給我們進一步的啟發：掩飾，其實會比最初的出糗損失更多，因為看在過來人的眼裡，他們本來可以是你的貴人，這時卻什麼也不能做了。

人對於自己搞砸或是不行的地方，總想要掩飾過去，這當然是人之常情；只是，就像為什麼小孩子說謊總是讓大人發笑一樣，對於閱歷或視野在你之上的人而言，我們自以為能瞞混過關的做法，卻是難逃他們法眼的。本來如果你大方坦承、誠心求教，你會發現，在他們之中，會有一些人樂意伸出援手，讓你進步；可是如果自己存心要遮掩，這些本來可以成為你貴人的人，不但不好意思出手，甚至對於你的人品或成熟度，反而打了一個負評了。

你可知道，就在你的 FB 好友群裡、就在你的辦公室裡、就在你的人際圈中，其實隱藏著經驗、閱歷或視野比你更高的「貴人」嗎？當你正在試圖粉飾自己錯誤的時候，也許自己覺得表演得很好，但他們卻是很清楚你的程度的。這些真正有能力的人通常含笑不語，對你的真相佯裝不知，然而他們卻已經默默地考量好，要把你放在什麼樣的位置上看待了。

「人非聖賢，孰能無過」，俗話不是還說「吃燒餅，哪有不掉芝麻」的嗎？對於人生中的出錯、出糗，只要是真的有智慧、有閱歷的人，都不會取笑於你的；如果這時能夠大方坦承，他們還會適時出來當一下你的貴人，引導你下次做得更好呢！所以何不更聰明一點，把出糗犯錯，當做誘使周遭貴人浮出檯面的一招妙計呢？

我可沒有教壞你的意思，只是在我們心靈成長教學的領域裡面，也有一句話是這麼說的：「當學生準備好，老師就會出現。」

人生本來就是需要不斷地學習，犯錯出糗甚至是一種權利，因為誰是天生什麼都會的呢？就讓你的腳踏實地、誠實面對，為你吸引來真正的貴人吧！

26 怎麼跟討厭的人相處？

如果一個人對待你的方式讓你討厭，
他一直沒改變，
其實也表示，你也一直沒有改變。

我身邊有不少對保護地球環境、愛護動物有高度責任感的朋友，只要看到新聞報導有人虐待動物，或是漁夫殘忍地割下活鯊魚的魚鰭等等畫面，他們都會氣得大罵，甚至到後來說：「我真以身為人類為恥！」

這種心情我當然能夠瞭解，人類加諸地球的種種造孽般的行為，傷害的不止自己，還殃及許多無辜生靈。不過，既然已經身為人類的一員，又不能變成「來自星星的你」，那這份對人類的厭惡，可就令人擔心了。

怎麼說呢？我發現這些朋友一旦討厭什麼人，幾乎就不知道該如何跟他們相處了，而且萬一做了什麼事，讓自己也討厭自己的話，更會情緒低迷很久。

人呀，除非已經超凡入聖，否則說沒有討厭的人，幾乎是不可能的吧！反而如果大家都有共同討厭的人，譬如老闆（這個最多了吧），同事下班後聚在一起，一塊兒罵罵老闆紓壓，好像也是增進彼此親密感的一種挺過癮的方式。不過讓人真正討厭的是，第二天，竟瞅到昨天才跟你一起大罵老闆的同事，居然就背著大家向老闆大獻殷勤，看到這一幕，你大概立刻血壓飆升。

在我的「人生會談」裡，很多人也會跟我提出有討厭的老闆、討厭的同事或是討厭的婆婆這一類的困擾，因為還是要跟這些人相處，所以很想知道，有沒有什麼方法可以不要那麼討厭對方呢？畢竟現實一點講，自己的厭惡感，對方不可能都不會察覺，如果那個對方是發薪水給你的人的話，最後倒楣的還不是自己？

所以如果你也同意，有時候不論誰對誰錯，「好好相處」都是人際關係中必修的學分的話，那麼就讓我跟你分享我的方法吧。

首先我覺得，必須先把一件事牢牢記在心上：「討厭」是一種消極的情緒，每當你正在討厭什麼的時候，你的智商正在降低。換言之，如果你想變笨的話，就儘管繼續你的討厭吧！

怎麼說呢？想想看，雖然你看到那個和你一起大罵老闆的同事，第二天在逢迎拍馬時，你很生氣，可是，難道把對老闆的不滿擺在臉上，就是聰明的作法？當然不是，所以這位逢迎拍馬的同事，至少看清楚了自己討厭情緒的無效，他做了其他的選擇；從這個角度而言，他是比你聰明，因為他思考到一直討厭下去的後果，而你沒有。

當然我並非主張人要去虛偽逢迎，因為這樣也得不到真正的快樂，只是希望提醒你去看：即使你堅信自己是受害者，「討厭」也是一種消極情緒，它會讓你活在拒絕的情緒裡，活在「不甘心」的心情中，結果根本拿不出辦法，只會想要硬碰硬，而忽略了各種角度的思考，本來說不定有很好的解決方案，但你就看不到了。

我有一位朋友的老闆，很愛拍桌罵人，企劃案稍不滿意，甚至會把企劃書當著眾人擲向下屬，所以大家私底下對他討厭得不得了，當面卻都唯唯諾諾，大氣都不敢吭一聲。可是我的這位朋友卻沒有像別人那樣覺得壓力很大，有一次我問她為什麼？她笑說「已經去處理過了」。

原來是怎樣呢？她說，剛一開始，她也跟其他同事一樣，很氣憤老闆的態度，甚至數度萌生辭意。可是有一回，她下定決心要學會怎麼跟這樣的老闆相處，於是她自動到老闆的辦公室報到（這是其他同事最怕踏進的地方），然後她跟這位上司說：「老闆，大家都怕您怕得要死，您一定知道吧？」

老闆居然笑了：「哈哈，我知道。妳是打算來表達不滿的嗎？」

朋友回答：「剛好相反，我自己突然想通了一件事，我們公司業績壓力這麼大，像您這麼出色的人，只要一天還沒有把我炒魷魚，其實就代表肯定我有一定的工作能力。換在您的位子上想，如果一個下屬真的不能用，也不必罵了，應該就該直接叫他走路，您說對不對？」

這個上司瞅了我的朋友一眼，然後說：「這還用說。」

「所以今天我是來確認一下我的想法的，這樣子的話，以後您怎麼罵，我只會盡可能去把事情做好，就不用想著該不該離職了，因為您又沒叫我離職。不過，好多同事可能不明白，有些人還以為自己真的太差，萌生辭意了呢。謝謝老闆，我回去幹活兒了。」

後來下一次開會的時候，老闆還是照樣大吼大叫，可是最後卻突然加了一句：「我也是被罵過來的，要是不值得罵的人，我根本什麼都懶得說了，你們明白嗎？」大家都很訝異老闆突然說了這幾句話，雖然迂回，卻很明顯是在表達某種肯定大家的意思。大家都在想：老闆今天怎麼變了？只有我這位朋友知道箇中原因，當然她只是微笑在心裡，什麼也沒說。

她最後跟我分享的心得是：還好我做了一個積極的決定，我想要改變這樣的相處方式。

很多人都說：不要想去改變別人，想改變一個人是非常困難的事。這我同意，但這卻不代表，你不能改變那個人「對待你的方式」，事實上，這卻是絕對做得到的。一個脾氣不好的老闆可以對每個人都吼，就是不吼你，你相信嗎？如果一個人對待你的方式讓你討厭，他一直沒改變，其實這就表示，你也一直沒有任何改變。

所以，改變你自己吧！讓那個你討厭的人不會再用同樣的方式對你。怎麼做呢？下一篇，就讓我繼續與你分享下去。

27 怎麼跟討厭的人相處？（二）

你也許無法改變一個人，
但你確定可以改變他「對待你的方式」。

我的一位學生，前陣子給我一封 Mail，裡面附了她跟某位主管在公事處理上的書信往返內容。這位主管雖然不是她的直屬長官，對她的績效卻是有考核權的，無奈，這個主管卻好像總是看她不順眼，她也覺得對方是個很難相處的人。

她在這封信裡面說：老師，你看，他跟我 Email 往返到一半，就突然有情緒性的字句了，我真不知道他這情緒是哪裡來的？為什麼她好像就是看我不順眼？

也許有的人就是沒耐心、也許有的人就是脾氣差、也許有的人就是心眼小、也許有的人就是愛說小話……要改變你討厭的人，幾乎是不可能的任務（他自己都改變不了自己），但是要改變討厭的人「對你的方式」，或是改變「討厭的人所給你帶來的壓力」，這卻是做得到的呢（例如上一篇的實例）！

其實，如果我們有能力「改變討厭的人對待自己的方式」，或是減低「跟討厭的人相處所帶來的壓力」，幾乎你就不會覺得，這個討厭的人是個問題了，搞不好還會同理起他來。所以不要忙著忿忿不平或感覺到無奈，真正的著力點是在自己身上，你改變的方向對了，對方就沒有辦法再用同樣的方式對待你的。

不想一直聽長輩訴苦又無法拒絕、被沒公德心的鄰居打擾又屢勸不聽、辦公室裡的同事愛搞小圈圈還會給你打小報告……這些一再上演的劇情要如何改變呢？關鍵就是：一定有一些事情你一直不願意去正視，才會吸引這些困擾走入你的生命經驗中。如果你正視了，那麼突然你就會找到對的辦法去面對，狀況就會迎刃而解。

舉三個例說明吧：

狀況1 身邊有一直不尊重你，或需要花費你大量精力去跟他糾纏的人

通常你不願正視的事就是：你沒有自己的生活目標，你自己找不到生活的充實感，缺乏開創性，害怕走出舒適圈。如果不改變這些，就很容易被別人用罪惡感控制，去成為別人的附屬品或垃圾桶。

狀況2 周遭一直有想攻擊你、打垮你的人

通常你不願正視的事就是：你喜歡受到別人尊敬和愛戴，但又不真的願意慷慨付出，很多時候碰到你想要的東西，你就用冠冕堂皇的方式去掩飾你的小動作，等於是去用偷的。如果不改變這點，外在表現出來的良好形象，跟骨子裡的自私或小器，恰好會形成對比；

比較沒有安全感或有所求而來的人，跟你相處一段時間後，就會特別容易感受到你的虛假，她們的玻璃心一旦發作，就會開始對你發動攻擊。

狀況3
人緣不好，被某個圈圈或團體排擠的人

通常你不願正視的事就是：是你先給人家評分的，其實你在心裡面是透過給別人打分數，來感覺自己層次比較高的。更深層的部分是：你很久沒有突破自己了，所以批評變成你可以對自己說「我和他們不一樣」的安慰劑。其實，如果你自己的成就真的更上一層樓，根本就不需要受制於這個圈子的人了；也就是說，被排擠的人，常常在潛意識先否定了別人，可是自己又不能成為理想中的自己。

那麼，如果面對了自己不願正視的事，討厭的人對你的態度，又會發生什麼變化呢？

假如你真的走出舒適圈，讓自己生活得更充實，更能向自己的理想邁進，你就會感悟到，那個想依賴你的人，自己根本就有能力站起來，是他不要，而不是不能；那麼，你的清明就會讓你做對這個人最有幫助的事，那就是：甩掉他，請他自助。而對方那些用來牽絆住你的老台辭，就會自動失效。

★面對2

如果你正視了自己的言行不一、喜歡別人尊崇卻又小器，而願意真正去付出，慷慨的與人分享，那麼你就會知道，那個攻擊你的人，實際上可能真的在跟你相處的經驗中，吃了你的暗虧、誤信了你畫的大餅了（這是你從前不願易地而處，而沒有發現的）。你誠心的去彌補或道歉，或真的開始去把好處帶給對方，就會解除他對你的憤怒與怨懟。

★面對3

假如你正視了自己已經停滯了成長，而去面對生命瓶頸的話，那麼你會知道，你只是眼高手低，應該謙遜地去學習。這樣，你跟別人相處的時候，就會變的柔軟，收起你的不屑，那麼別人也會感覺到你內在的某種姿態消失了，也許他們就不會再繼續排擠你；但如果他們還是繼續，你也會發現，你已經不在乎，因為你知道，自己該專注在自己還不足的部分去成長。

會依賴你的、攻擊你的、排擠你的這些人，他們本身也有自己的問題，如果他們不改變，他們會繼續在生活中，與某些特定的別人發生相同的化學作用，建立起同樣的糾結模式。可是當你改變了，再碰到他們，你會變成絕緣體。

所以，怎樣跟「討厭你」或是「你討厭」的人相處呢？這個問題所表徵的狀況裡面，其實是帶著很大的生命禮物來給我們的；這些讓我們討厭，卻又一定要相處的人，其實就像一則啞謎，或是禪宗說的「公案」，如果你參透了，就會體驗到自己生命境界又一次的突破，也可以說，是一次小開悟了。

而參破這則公案的方向，永遠是朝向著自己。能夠解決問題的，永遠是自己——那個升級版的自己，你必須找到它！而這個過程，總是必須先覺察到，那個自己不願承認、卻確實存在的、不怎麼光明磊落的自己，你願意去面對的話，那就是成功的一半了！

28 別一直按著人生的快轉鍵

相機可以拍下任何美景，
卻拍不出你心中是否滿足。

去年深秋，我以自由行的方式，到日本的京都去賞楓。印象最深的，是在東福寺賞楓的經驗，原因卻不是那裡的楓葉，而是遊客。

以京都的賞楓勝地而言，東福寺幾乎是個代表景點，名聞國際，所以每年到了十一月，遊客可以說是一車一車被旅行社「倒」進這個地方，人山人海。東福寺的楓葉為什麼著名呢？原因就是它的庭園腹地很廣，地形卻很有層次，有山坡、溪谷，也有平地，全都遍植楓樹，因此一到楓紅時節，層層楓紅形成了壯觀的紅葉雲海，繚繞著巍峨的寺院與樓閣，令人嘆為觀止。如果京都別處寺院的楓葉之美，用「細緻優雅」來形容的話，那東福寺的楓葉，就是「壯觀燦爛」了。

也因為一下子就能抓住人的眼球，這裡是賞楓旅行團必到之處。那天我到東福寺入口的時候，就聽到四周舉著各色小旗的領隊們，紛紛賣力地提醒著東張西望的團員：「大家注意了，一小時後！一小時後回到這裡集合……」

東福寺最經典的美景是眺望通天閣下的楓紅溪谷，但是走向這景觀的道路卻非常狹窄，於是大家擠在一起，形成了某種「身不由己」的狀態，好像每個人都被周圍的人群推著往前走；遇到不錯的風景角度，也很難停留下來欣賞，大概都是趁前一組人拍完照一離開，就趕緊衝過去擺個姿勢，讓親友趕忙照張相，然後就得快閃了，因為後面還有好多人在推擠著呢！

過了通天閣之後的道路，由於分成很多方向，人潮便比較疏散了。我立刻找了一個小坡上的建築物，坐在它的石階上歇腿。稍微居高臨下的我，除了欣賞楓葉之外，也看著人龍在各個小徑上不斷穿梭移動的景象，整個情境真是歡樂，好像過年一樣。

面對著不可思議的美景，大家人手一機，不斷拍照。你可以看到所有人的手機畫面也全是紅通通一片的奇異景觀，有些人拍照時連腳步都不用停下來，一邊走一邊就拿著手機，東西南北頻按快門，我估計他大概最後可以拍到數百張照片了，只不過到底有幾張是清晰、不歪斜的？我可真懷疑呢！然後我也觀察到一個奇妙的景象：人們除了拍照會停下來，幾乎很少停留在一個地方，只要拍完照就會繼續向前走了，好像大家是專程來拍照的。

拍照不就是因為這個位置看出去漂亮嗎？那為什麼不多呆一會兒呢？本來我有點納悶，但突然間懂了。如果設身處地的去想，我第一次來到這個景點，不知道它範圍到底有多大，領隊又說只有一個小時，那麼我會有什麼心態呢？很可能就是：不敢在一個地方停留太久。因為萬一前面還有很多東西，結果因為在這裡耽擱太久，還沒看完就得去集合，不就太可惜了？所以即使碰到了自己覺得很美的地方，想多欣賞一下，甚至是腿痠了本來想休息久一點，都不能放心，於是大家不知不覺就會參考著別人的速度來前進，好像不要落隊，就應該是最安全的遊玩速度了。

難怪我會看到整個庭園中，無論在哪一條路上的人，即便並不擁擠，移動的速度也都差不多，原來大家潛意識是在參照著別人的步調前進呢！

只是，一直不敢停留下來，懷著「擔心前方的風景沒時間看」的心理往前走，會不會走到最後，突然發現竟然已經來到了出口，結果離集合時間還有十五分鐘呢？我以前跟團旅行的時候，真的就發生過這種事情。

因為我是個不喜歡遲到的人，所以領隊只要說幾點集合，我一定當好學生，不想遲到。於是一路拍照，一路不敢太過停留，到後來看到了出口的牌子，才驚呼：「什麼？已經到出口了？」結果一看手錶還有十五分鐘，真是尷尬無比的時間，想要折回去參觀，好像太趕，就在這裡等大家，又不甘心，腦子裡開始轉著，剛剛很想要多看看、多待一下的那些地方，可是一切都來不及了。

這實在太像人生了！我突然發覺。因為不知道生命的長度，我們以長期抗戰的心情，小心翼翼地過日子，深怕沒有為未來打好基礎；也因為總覺得，未來該有比現在更好的人生風光，便也不願「屈就」於現況，於是總要求自己速速動身，事不宜遲。可是，一直這樣想的結果，走著走著，有一天，咦！不就會突然來到了生命的盡頭了嗎？

我認識一個長輩，一輩子省吃儉用、認真工作，真的積攢了大筆財富；但他帶著妻小去旅遊的次數，十個手指頭數得出來。前年八十大壽，終於從職場上退休下來了，退休歡送會時，他笑盈盈地說，自己還要活到一百零二歲，所以精采人生從現在才開始。

當時一桌賓客無不羨慕祝福，然而一退休下來，他健康卻急速惡化，住了幾次院之後，變成行動不便的老人家，體力虛弱到每天在家裡清醒不到兩個小時，就開始打盹想睡覺了。於是他說的那些上山下海、著書立傳的精采退休計畫全泡湯了，伺候他一輩子的妻子，還是得繼續關在家裡伺候他。

我還認識一位晚輩，今年方四十歲，去年因為壓力太大，忍痛暫停博士論文，從國外回來修養生息，幾個月後卻發現罹患癌症。我為此文時，他正躺在加護病房，與死神搏鬥中。

人生就像一部電影，雖然不知道片長多少，但必有散場之時。那麼一直按著「快轉鍵」，來匆匆去匆匆，仔細想想，真的好嗎？一直期待著未來會有比現在更好的情節，因而不滿著現在的平凡平淡，這樣會不會稍微癡心了一點？當人生的風景都化為一張張照片之時，拍了照片卻不等於享受到，也是不是有點令人遺憾？

我望著東福寺的楓葉，仔細地欣賞著它豐富多彩的層次；也看到落葉之後的空枝，紛紛被飄來的雨珠子晶瑩地填滿了，於是整片楓林在陽光中祕密地閃耀著生之光輝的微笑。不知道有誰也靜靜地看到了呢？我的相機卻怎麼也拍不下來，在心中的滿足呢！

29 閑晃一下，人生好美！

當人渴望奇蹟的時候，
意味著他不知道如何一點一滴的去做。

Julia 兩年前身體開始不好，看遍醫生，開的藥吃了都沒效，後來轉而使用另類的心靈療法，花了不少錢也沒有好轉。沒有好轉也就罷了，還造成強烈的自我懷疑。是自己太鈍？還是真的「業障深重」？為什麼別人都說那些方法功能多強大，可是放到自己身上就不靈光了？

來找我會談的時候，我仔細地聆聽她的描述，也詳細詢問她的生活狀況，很快便發現了，這女孩其實是身心長期過於緊繃，所造成的生理失調。她的焦慮感讓她不斷聚焦在各種問題上，並且不斷尋求各種方法去「修好問題」；可是操作這些方法，反而讓她內心壓力更大，更無法喘息。她的生活可以用一句話就總結了，我說：「你的人生都在解決問題啊！」

我請 Julia 把所有她安排在生活中要做的事，至少先砍掉十分之一，然後兩周後再來與我討論。兩周後她告訴我，太有效了！光是這樣，她已經覺得舒服很多。接著我陪她一起列出十件自己喜歡的，只要有十分鐘空閒，就可以進行的事。我請她每次覺得有空檔的時候，就把這張清單拿出來參考，並且選一件去做。又過了兩周以後，在我們第三次會談時，她告訴我，她心中開始出現快樂，沒想到快樂是這麼容易的！

你知道 Julia 所列出的那十件「有十分鐘空閒會喜歡做的事」有哪些嗎？

- 什麼都不做，就只是發呆。
- 什麼都不做，就只是看著窗外的人來人往。

・什麼都不做，就只是不再嚴格遵守書上的飲食禁忌，把最愛的零嘴拿起來吃。
・什麼都不做，就只是躺著，看天上的雲飄過。
・什麼都不做，就只是喝一杯自己最喜歡的花草茶。
……

當時我聽了，不禁笑了起來，因為她每一件事的一開頭都要加上「什麼都不做」這句話，但也真讓我心疼起來。人啊！是怎麼搞的，活到後來，「什麼都不做」這件事居然這麼奢侈？

我們的會談進行到第四次時，那天，她迫不及待地跟我分享一件事：她昨晚做了一個夢，在夢中她得到了一個領悟，這個領悟把她自己震驚得一個晚上沒辦法再入睡。

「原來我自己也想用生病，來當作拒絕別人給我更多工作的藉口！」她說。

然而對於這個突如其來的「天啟」，她覺得很震驚的原因在於：「難道一個人的心態，居然可以影響身體到這樣的地步嗎？」她問我。

我說：「為什麼我們不直接實驗看看呢？」於是我鼓勵她，完全停止所有勉強自己照表操課的各種練功、飲食限制，把生活中的空檔，拿去做與未來無關、只是在當下享受的那些事；然後接下來的每次會談，我開始跟她討論她生活中所面對的壓力來源，如何重新用不同的角度去看待它們。到了第八次的會談時，她跟我說，自己嚴重的胃脹氣居然已經好了七、八成了。

Julia 告訴我，以往因為身體不好，自己也愈來愈嚴格地去控制生活與飲食，給自己安排各種練功和學習，每天都在對治各種問題；這樣的人生無形中也讓她覺得氣餒，甚至愈來愈認為，必須有什麼奇蹟發生，才能把自己解救出來。可是沒想到，她需要的不是什麼奇蹟，而是每天一點一點小小的放鬆。

「既然人生的快樂其實是可以化整為零的去享受它，我也開始試著把不好的心情『化整為零』……」Julia 對我分享她的領悟：「例如告訴自己：『好，我知道自己現在有不好的心情，我可以不用一次感受那麼多，先感受一點點就好，然後我可以先去做別的事。』我發現我就變得輕鬆許多。不然以前，只要一有糟糕的情緒發生，我就開始沮喪，開始全盤否定自己，然後這樣想下去，我情緒就更糟了。」

真替她開心啊！已經能夠舉一反三了。其實，當人開始得到鬆綁的時候，自然就會變得更有智慧。

還記得小時候，你坐在大石頭上，雙腳沒事晃呀晃的時光嗎？你可知，這樣的「無事一身輕」，其實是很有能量的；而我們大人，尤其是生活在大都會裡的人，最欠缺的就是這樣的能量。

很多人只要處於等候狀態，就開始滑手機，雖然好像沒在工作，瀏覽的也是自己有興趣的資訊，但實際上頭腦還是不停地在轉、不停地在運作著，其實還是沒有休息的。如果你真能進入「無事一身輕」的狀態，只要十分鐘，你會發現那種體驗是很不同的，那是一種被充電的休息。

跟朋友跑趴、唱歌、逛街、看電影、吃美食……比之於工作，雖然是相對放鬆，但其實身心還是在消耗的，真正的休息是進入「無事一身輕」的狀態裡。商業社會發明了各種吸引你的事物讓你持續運轉，沒有休息，所以很多人漸漸自律神經失調，各種治不好的症狀上身，還不知道為何會如此？所以，到底該怎麼辦呢？記得這八個字吧：「閑晃一下，人生好美！」

每天給自己數次「閑晃一下」的時間，用小時候發呆看魚、無聊摳腳丫的無所事事的情調，停下來，什麼都不做，就這麼放空一下；幾個月以後，你會發現，朋友們見到你都會說：「唉呀！我發現你氣色很好耶！你是怎麼做到的？」不是自誇，很多第一次見到我的人，都是這麼說我的喔！

我的工作場所，都放著我很喜歡的庭園攝影書，常常十分鐘內就要開始會談了，我既不能離開座位，也不能再做什麼工作，我就隨便翻開一頁，開始緩緩地在美麗的庭園相片裡面閒遊著；正當我陶醉在畫面裡的花草山林，彷彿都能聞到空氣中的季節氣味時，早已完全忘了時間時……忽然，對方到了！我一起身迎接時，總是覺得神清氣爽呢！

30 盆景原理

時間和空間都是幻象，
懂得利用這個幻象，你的人生就有魔法。

Tommy 是我認識的一位很棒的髮型設計師，很多名流、藝人出入他的店。一年多前，他延伸了事業，在寸土寸金的商圈開了一家高級 spa，從美髮、美甲、作臉到身體紓壓一應俱全，還提供輕食，想在裡面與世隔絕地躲一整天，絕無問題。後來 spa 的經營交給了太太 Ellie。前不久我到他們店裡，Ellie 跟我說，真羨慕我作家的工作形態，可以隨性休長假，她說自己這一年，忙得休息的時間都沒有。

我開玩笑地對她說：「妳開的店是讓人家來休息紓壓的，結果妳自己連休息的時間都沒有？」

其實我當然知道，這是現代人共通的無奈。有的人乾脆安慰自己說，忙碌總比待業好；不過，如果妳的工作是需要靈感和創造力的（其實長遠來看都需要吧），那麼，想辦法在現在的生活中不把自己榨乾，保留著生命強勁的再生能力，絕對是必要的。

「休息」表面上是無為的，沒有生產力的，然而就如同夜晚的睡眠，其實是人身心重整與再生非常重要的來源。一個無法休息的人的創造性，會愈來愈來自於「頭腦」，也就是對外在信息的摹仿；可是一個能夠休息的人，創造力則會來自於「天啟」——從「內心天線」接收到的靈感——所有偉大的創作，或是最智慧的抉擇，都是從這兒來的。

你是否也有這經驗：想破頭都解決不了的問題，結果好好地去睡一覺，或散個步之後，就在自己不預期的時候，忽然一個全新的解決方案便福至心靈了？絕佳的點子大多都出現在人們完全不預期的時刻，而這時刻之前，人們經常正在從事的，都是一些讓頭腦可以放空的活動，例如洗碗、打掃、散步……

現代人放空休息的時間愈來愈少，事實上等於是在扼殺自己生命的本能和潛在的大智慧。然而，這個世界的節奏，卻非我們說改變就能改變的，能用什麼辦法，在忙碌的生活中增加休息的時間呢？

答案是應用「盆景原理」而來的「盆景休息法」。

試想：人們到海邊、山上去踏青，甚至遠赴國外去度假，以達到放鬆充電的效果，原理是什麼呢？就在於轉換情境。人是情境的動物，同樣一杯咖啡，在露天咖啡座上喝，跟在自己家裡喝，就是不一樣，這就是因為情境不同，轉換情境就能轉換心境。然而忙碌生活中，要經常上山下海或遠離塵囂，是有難度的，不但花費較多，也需要騰出整段時間。所以，在現有的生活中，利用零碎的時間，增加轉換情境的次數，就是累積休息充電時數最可行的方向。

怎麼做呢？想必你看過盆景，明明只是一個花盆，上面種了苔，雕琢了一棵小樹，樹的背後再放一顆小石頭，可是因為配置的比例和樹型的姿態，突然間你會覺得，好像看到一棵龐然古松，棲息在高山峻嶺的石崖邊。就像在三尺掛軸上能夠畫出千仞山水，在一個小小的方盆中，也能夠製造出氣勢萬千的自然意境。所以中國人一向對盆景特別喜愛，過去只要講究生活品質的家庭，府邸內都會放置盆景，盆景就是利用人類意識的特性來轉換情境的。

人類的意識有一種特性，就是像相機的鏡頭一樣可以變焦，我們的想像力可以將面前的事物放得很大，也可以縮得很小。當你試著將自己的意識縮得很小去觀察事物時，所謂「一花一世界，一葉一如來」的體驗就會發生了。所以「盆景休息法」就是說：當我們懂得利用身邊微型的美好事物來轉移情境時，我們就能利用生活中零碎的時間進行休息，而能夠得到比之前更多的放鬆與充電。

微型的美好事物可能是：路邊花圃裡的一朵花、牆角的魚缸，甚至只是辦公室廁所內掛的一幅小畫，這些東西在我們身邊隨處可得，種類繁多。我自己經年累月用這些無處不在的小事物來做我的「盆景休息」，現在的我，心境轉換的速度很快，而且心情常常很容易愉悅。以前我總是很期待出國度假，可是現在自己安排了度假時間以後，卻常常忘了有這回事，這可不是因為忙到忘了，而是因為平常就能利用零碎時間充電，對於大假期的渴求度就降得很低了。

利用微型的美好事物來轉換心境的訣竅，就是把自己想像得很微小，用這個微小的自己去遊歷眼前的事物。譬如你可以試試看，站在一朵蝴蝶蘭的面前，想像自己是一隻非常微小的飛蟲，進入一朵蝴蝶蘭的花朵裡；然後你就會很驚訝的發現，蝴蝶蘭的變形花瓣所組成的花心，從迎賓門、地毯到國王寶座一應俱全，根本就是一座華美無比的宮殿！蝴蝶蘭是辦公室裡面常見的植物，大家都是當做祝賀花卉送來送去，但是你將會是此生頭一遭發現，自己居然能夠站在一朵蝴蝶蘭前面超過五分鐘，而且離開的時候，內心充滿美好與驚奇的感覺。

自從我發現這個「盆景休息法」之後，我就不再讓自己「等待」了。譬如說，生活中很多時候，你都不得不等車、等人、等叫號……我看到很多人都是耐煩著一張臉在那兒枯等。讓我告訴你，我是怎麼做的：我會提醒自己，既然不是馬上輪到我，我的身體可以等，但我的心不必等，我要來做「盆景休息」。

我才這麼一想，當時在郵局排隊的時候，立刻就注意到，正排在我前面那個女人背的包包，上面的花紋很漂亮，我就開始縮小自己的意識，遊歷在那些花紋上頭。我看到了布面的紋理就像廣大的麥田般起伏，而針織的花紋是如此巧妙的穿梭在其間，簡直就像英國的神祕麥田圈！就這樣，隨著隊伍亦步亦趨地欣賞著，等到心裡充滿趣味和美好的感受之後，突然間，已經輪到我了。

如果你開始練習這個「盆景休息法」，你會發現，這根本是孩提時代你早就會的能力，怎麼竟然丟失了。小孩子明明生活範圍比我們小，樂趣卻比我們多，因為他們鑽到一張小桌子底下，就能看見一個天然大岩洞！然後「一花一世界」的大道理，你不用念書就明白了。

當下本來就有無窮盡的深度和廣度，亦有無限的美好等你去發掘，需要改變的，只是你的意識狀態。

Ellie 聽了我的分享，覺得很開心，好像發現新大陸，然後她說：「可不可以找你來跟我們員工演講？」嗨呀！她還是想到工作。

把瑣碎的時間用來累積心靈的休息時數，積少也能成多的，你要不要試試看呢？手邊的杯子有圖案嗎？鄰座的窗台上有植物嗎？沙發的抱枕上有陽光嗎？電梯口掛著一幅畫嗎？一個沒有發掘過的美麗世界，正在等著你呢！

31 西遊記裡，誰功勞最大？

現代人都想成為有錢人的樣子，
卻無法成為有錢人享受的樣子。

西遊記的故事大家都知道吧？那麼問你一個問題：你覺得，他們師徒四人最終能夠取經成功，若要論功行賞，誰的功勞最大呢？是孫悟空？唐僧？還是沙悟淨？豬八戒？

最近我在連續三場演講裡做了這個聽眾的「意見調查」，結果果然，孫悟空得票數最高，其次是唐僧，至於沙悟淨跟豬八戒 PK 以後，沙悟淨還是贏過豬八戒。

有人說，要不是孫悟空，唐僧早不知被妖怪吃掉過幾回了，整個西遊記表現最亮眼的就是孫悟空，很顯然沒有他，唐僧什麼事也完成不了。

但有人說，雖然齊天大聖本領很大，但他和沙悟淨、豬八戒一樣，本來都是不務正業的妖怪，如果沒有唐僧，搞不好還在闖禍，怎麼可能齊心協力去做那麼一件功德無量的好事？所以本領雖然重要，但唐僧才是那個把整個「團隊」給凝聚起來的關鍵人物。

說得還真有說服力呢！那沙悟淨又怎麼說呢？還得到了三四票呢。我問緣由，支持者說，沙悟淨負責挑行李、做雜務，任勞任怨，很有承擔力，又不搶鋒頭，這才是最難能可貴的，應該表揚！我一聽，原來是基於表揚的目的投給他的呀。至於豬八戒呢？竟然有人認為他的功勞最大嗎？還真的有，雖然只有一票。

「這麼嚴肅又艱鉅的任務裡，豬八戒扮演著甘草人物的角色，要是沒有他，西遊記根本太悶了，我看不下去的。」

「豬八戒很調皮，可是他總是說出每個人內心裡頭最私心的部分，反而讓大家反省了，才能重新做出選擇呀！如果不能抗拒誘惑，怎麼到得了西天呢？」

還真有道理！看來，這個團隊真是堅強，而且缺一不可。唐僧代表著使命感，孫悟空代表著實力和本領，沙悟淨代表著承擔力和意志力，豬八戒則扮演著鏡子一樣的反照功能。這些都是能有一番作為不可或缺的要件，可是若你問我同一個問題，我卻有第五個答案。

我覺得他們西天取經能夠成功，最重要的是一個最基本、卻幾乎沒有人會想到的要素：他們知道西天在哪裡。

這不是開玩笑。想想看，要是方向搞錯了，本領那麼大，意志力那麼堅定，使命感又很強，那好，只會走得更偏。譬如若方向搞反了，根本不是往西，而是往東走，會怎樣呢？師徒一行遇到了大海，強渡關山，結果越過太平洋，發現美洲新大陸。

現在很多知識教你怎樣理財、怎樣投資、怎樣創業、怎樣獲得老闆賞識、怎樣達成任何你設定的具體目標，看起來像是很有本領、很有想法，也很有執行力的樣子，但是能夠設定具體的目標，又知道該怎麼做，就代表你的人生方向正確，能夠「修成正果」嗎？

我看到的是：人們「擁有」很多，卻無法「享有」；很多人成為了有錢人的樣子，卻無法成為有錢人享受的樣子。不騙你，我有一個朋友的朋友，家財萬貫，家裡客廳放著上百萬的沙發（真的是上百萬！），卻用一張布蓋著，不坐的時候隨時要蓋起來。我那位朋友去他們家，乾脆只坐吧台，再也不敢碰那座沙發。

也許這真的太誇張了！但根據一個非正式的統計，美國人現在擁有的財物是半世紀前的五十倍，但大部分的人並不比五十年前的人快樂。我想這種結論適用於全世界的先進國家吧！

有很多企業家成功之後，媒體總愛報導他們發跡的過程，不少大老闆的故事總是會描述：自己有過一個多麼貧窮的童年，然後當時又是如何清苦，受貧窮的逼迫等等；接著當然就是他們為了擺脫貧窮，如何奮發向上，吃別人不吃的苦等等，最後終於獲得成功。

可是問題是，那些人成功了以後，依然天天都在想辦法擴張版圖、併吞別人，跟官員勾結，私底下做著許多不該做的事，哄抬物價、炒作土地、壟斷市場、污染環境……他們「成功」以後，要的卻比別人更多、更凶、更狠。有一天我突然意識到，那他們不就依然是最貧窮的人嗎？甚至比他們小時候還要貧窮呢！

如果我們的方向感真的那麼好，如果我們的方向真的那麼正確，為什麼搞了半天，樓蓋的愈高，科技愈發達，人卻愈來愈忙，壓力愈來愈大，還愈來愈心狠手辣？我們究竟是哪裡弄錯了？

所以，方向錯了，再拚命也不能避免幻滅。也許，人類一開始的方向就錯了。我們嫉妒，而非珍惜；我們攫取，而非享受；我們彼此競爭，而非彼此照顧……我們太懂得怎麼要，而不懂得去給了。

32 一口來自京都的袋子

每個人都同時中樂透的世界，
就是每個人都多愛一點點！

我常去日本的京都，很喜歡那個散發著木頭香、榻榻米味道的奇妙世界。旅行回來以後，我把京都的恬適感延續到自己生活中的方法，就是將購物時所拿到的一些典雅樸素的紙提袋，在我平常的生活中持續使用。例如一些和菓子老鋪、手作市集，甚至是寺廟贈禮的袋子，我總會搭配著自己的穿著，反覆使用到不能使用為止，這樣不僅環保，在日常的生活中，還可以重溫旅行的美好。

有一次，我把衣服裝在「鼓月」的紙提袋裡拎出門搭乘高鐵。「鼓月」是一家和菓子店鋪，在京都最熱鬧的四条通上有它的分店，說不定你也見到過。這個提袋我已經保存兩年了，一直很珍惜地使用。我喜歡它的簡單素雅，深咖啡色的袋面配上鵝黃色的側邊，是典型的京都色系；袋面右上角印著簡單的店徽，是一個圓圓的大鼓，中間寫著一個彎彎的月字。進了車廂坐定了以後，我就隨手將它吊掛在車窗旁的吊勾上；沒想到這時，發生了一件令我既驚訝，又感動的事。

吊掛著的紙提袋，正好在我視線的左上方，從這個角度看過去，居然發現，看似樸素的深咖啡色袋面上，浮現出整面美麗的花鳥剪影！原來這個紙袋的設計者，用非常薄的透明膠膜，在袋面印刷了薄影般的花鳥花紋；然而從正面觀察是根本看不出來的，必須從很偏斜的角度，讓膠膜反射光線，才能讓這些花紋如夢如幻地出現；而一旦花鳥圖浮現，紙質的袋子便彷若絲綢，閃閃地散發著高雅和貴氣了。

我立刻明白，這是在模擬和服的布料！因為京都有很多高級的和服料子，看似素面，唯有以相當近距離的仔細端詳，才能看出美麗的暗花紋，這正是來自京都文化裡面，「不張揚的美」的典型作法。

為什麼這讓我如此驚訝？因為這口袋子我已經用了多少次了，如果不是這次掛了起來（平常坐車我都是擱在腳邊），我可能永遠不會發現這個美麗的設計。兩年了，這個袋子竟然還有我看不到的層次！我沒想到有人會在一個多半用後即丟的購物紙袋，做這樣的設計，店家居然會願意多設計一個你也許永遠不會看見的美。

對於設計者這麼用心，卻又把這份用心深藏的作法，我當下感動莫名；就好像大學時候，發現家人把錢偷塞在我行囊裡的那種感覺。

也許這真的是讓我聯想起家人們彼此之間的那份愛了，所以我感動莫名。

想想，我們也許都做過類似的事，例如對家人，嘴巴上從來不會吐出什麼甜言蜜語，卻在切水果的時候，把爛的部分壓在自己的那份底下，假裝大家吃得都一樣；或是在察覺另一半喜歡吃自己盤子裡點的甜點時，故意說好甜好膩，吃不下去了，然後推給對方……當我們想要照顧自己所愛的人時，只要是可能遭致「反對」或「拒絕」，我們通通化明為暗，做得完美無痕、不露痕跡，甚至讓對方說我們任性：「你呀！自己點的東西還吃不完。」被誤會，我們也毫不在乎。

我做過這些事，相信你也做過，所以你一定能瞭解我在說什麼。那些愛我們的人，一定也同樣給過我們那些，我們永遠發現不了的愛，那些愛就像這口紙袋上被暗藏的花紋，如果有一天被你發現，你會感動不已，可是，他們永遠不讓我們發現。

這就是真愛，真愛是永遠不張揚的，因為付出的人，一點也不希望你因為接受了這份付出，而產生了負擔；所以他們給出愛，卻把「自己」給藏了起來，讓你受到照顧了都不知道，甚至讓你以為，自己怎麼那麼幸運呢！

看著那口來自京都的袋子，突然知道，為什麼莫名其妙地，我這麼喜歡京都這個地方。原來所謂的低調美學，真正的精神是那一份隱藏自己、不給別人造成負擔的給予。曾經聽一個京都人說：如果幫忙一個人，能做得不讓他覺得欠你一份情，那是最高層次的體貼。原來京都的精神是這樣的啊！

如果說，這樣的精神，不只是用在家人之間，也可以用在工作上頭，那豈不就是所謂的「職人精神」了嗎？即使是在你看不到的細節，也毫不含糊地給了你最認真的琢磨，讓你身在福中不知福……突然，一切我都懂了。

其實，這世界一切問題的答案，就是「真愛」。只有真愛，會讓這個世界變得更美好，變得好像每個人無論到哪裡，吃什麼、用什麼，都像回到家了一樣。

我想起了這麼一段話：

每個人都貢獻給別人物超所值的服務的話，
那麼整個世界對每個人將是天堂！（註）

註：語出《奉獻：打開第五次元意識，看見尊貴、美好的生活》一書。

國家圖書館出版品預行編目 (CIP) 資料

人生最有價值的事，是發現自己在重複 / 章成著. -- 初版. -- 臺北市：商周出版：家庭傳媒城邦分公司發行, 2016.08

面； 公分

ISBN 978-986-477-074-8(平裝)

1. 修身 2. 生活指導

192.1 105013286

人生最有價值的事，是發現自己在重複

作　　者　章成
企劃選書　徐藍萍
責任編輯　徐藍萍

版　　權　翁靜如、吳亭儀
行銷業務　莊晏青、何學文
總 編 輯　徐藍萍
總 經 理　彭之琬
發 行 人　何飛鵬
法律顧問　台英國際商務法律事務所羅明通律師
出　　版　商周出版　台北市 104 民生東路二段 141 號 9 樓
電話：(02) 25007008　傳真：(02)25007759
E-mail：bwp.service@cite.com.tw　Blog：http://bwp25007008.pixnet.net/blog
發　　行　英屬蓋曼群島商家庭傳媒股份有限公司城邦分公司
台北市中山區民生東路二段 141 號 2 樓
書虫客服服務專線：02-25007718　02-25007719
24 小時傳真服務：02-25001990　02-25001991
服務時間：週一至週五 9:30-12:00　13:30-17:00
劃撥帳號：19863813　戶名：書虫股份有限公司
讀者服務信箱 E-mail：service@readingclub.com.tw
香港發行所　城邦（香港）出版集團有限公司　香港灣仔駱克道 193 號東超商業中心 1 樓
E-mail: hkcite@biznetvigator.com　電話：(852)25086231　傳真：(852)25789337
馬新發行所　城邦（馬新）出版集團 Cite (M) Sdn Bhd
41, Jalan Radin Anum, Bandar Baru Sri Petaling, 57000 Kuala Lumpur, Malaysia.
Tel: (603) 90578822　Fax: (603) 90576622　Email: cite@cite.com.my

印　　刷　卡樂彩色製版印刷有限公司
總 經 銷　聯合發行股份有限公司　新北市 231 新店區寶橋路 235 巷 6 弄 6 號 2 樓
電話：(02) 2917-8022　傳真：(02) 2911-0053

■2016 年 8 月 2 日初版
■2022 年 9 月 27 日初版 4 刷
定價 280 元

城邦讀書花園
www.cite.com.tw

Printed in Taiwan

　ISBN 978-986-777-074-8